KB096624

유쾌한 사주팔자

재개정판

전유란 편저

내 팔자대로 사니 참 좋다.

QR코드 같은 사주팔자,
명리학(命理學).

부여받은 QR코드를 스캔 해보면
보이는 정보들이 꽤나 많습니다.

본인의 타고난 성향이나 운의 흐름들...
그것들을 이해하고 흐름을 잘 타고 간다면
훨씬 더 행복할 수 있습니다.

사주팔자의 퍼즐같은 글자들은
예상 외로 우리에게 많은 정보를 줍니다.
때로는 현실로 나타나서 사람의 생각을 지배하고,
사건사고를 일으키고, 지대한 영향력을 끼칩니다.

옛 말에 '타고 난 팔자 크게 못 벗어 난다' 했지요.
그렇다면 내 팔자를 선행학습해서
신명나게 살면 좋겠네요!

본인에게 유익한 물상이나 색깔만 취용해 주어도
좋아질 수 있으니
이 얼마나 쉽고도 유쾌한지요!

이 책은 명리입문 기본에 충실하였습니다.
1부에서는 명리학의 전반적인 내용들을,
2부에서는 주변의 학설들을 간단히 정리하였습니다.

무속이다 미신이다를 논하자는 것이 아닙니다.
그렇게 분류하는 것도 사실 애매합니다.
실생활에 많이들 녹아있는 문화와도 같은 것들이라
알고 가면 마음이라도 편하자고 정리를 하였습니다.

나의 이 모습으로 지어주신 조물주께 감사하고,
태몽에서 산신령 할아버지께 커다란 책을
덥석 받아주신 어머님께 감사하고,
그리고 주어진 팔자대로 잘 살아내고 있는 나에게도
격려와 감사를 보냅니다.

진정 나를 만나고자 하시는 분들께 조금이라도 보탬이
되시기 바라며,

이 책을 끝내기까지 음양으로 응원해 주신 김혜숙원장님과
엄태기박사님, 그리고 사랑하는 아들 장소명과 도와주신
모든 분들께 감사드립니다.

2023년 1월   청평문화원(답십리)
전 유란 拜上

차   례

제 1 부

1장 명리학(命理學)의 기원

2장 음양오행론

3장 천간.지지론(天干.地支論)

4장 지장간(地藏干)

5장 사주팔자(四柱八字) 구성법

6장 육신(六神)

7장 합.충론(合沖論)

8장 신살(神殺)

18장 오행의 체성(體性)론

제 2 부

제 1 부

10천간

甲	己
갑옷 갑	몸 기
乙	庚
새 을	별 경(일곱째별 경)
丙	辛
남녘 병	매울 신
丁	壬
고무래 정	북방 임
戊	癸
천간 무	북방 계

12지지

子	午
자 (쥐)	오 (말)
丑	未
축 (소)	미 (양)
寅	申
인 (호랑이)	신 (원숭이)
卯	酉
묘 (토끼)	유 (닭)
辰	戌
진 (용)	술 (개)
巳	亥
사 (뱀)	해 (돼지)

유쾌한 사주

1장 명리학(命理學)의 기원

명리학은 사람이 이 세상에 출생한 연,월,일,시의 천간(天干)과 지지(地支) 여덟 글자에 나타난 음양오행의 작용을 연구하여 사람의 운명을 예측하는 통계학문이다.

1. 중국의 명리학

고대 중국에서는 주역(周易)에 의한 음양학설이 존재했다. 복희씨(伏羲氏)가 황하에 나타난 용마의 등에 있는 그림의 형상을 보고 천문지리를 연구하고 만물의 변화를 살펴 선천팔괘(先天八卦)를 만든 뒤, 문왕(文王)이 육십사괘(六十四卦)와 괘효사(卦爻辭)를 만들었다.

이후 춘추전국시대에 이르러 메소포타미아 문명의 영향으로 태양계의 영향을 받은 오행성(五行星)으로 운명을 예측하는 오행학설이 만들어졌다.

현재 우리가 사용하는 연,월,일,시 간지로 기록한 것은 동한(東漢) 순재(順宰) 서기 126년 이후부터이다.

당나라말 송나라초 이허중(李虛中)선생은 연주(年柱)를 중심으로 판단하는 [이허중명서李虛中命書]를 만들었다.

命(목숨 명) 理(다스릴 리) 學(배울 학)

그러나 서자평(徐子平,서공승, 서대승)선생은 연주 중심의 명리학을 일간(日干)중심으로 판단하는 이론을 창안하였으며, 연해(淵海)와 비결집 연원(淵源)을 합본하여 [연해자평(淵海子平)]이라는 책을 저술했다.

명나라 때는 사주학이 많이 발전하였는데 장남(張楠)선생은 [명리정종(命理正宗)]을 저술하고, 만육오(萬育吾)선생은 [삼명통회(三命通會)]를 저술하였고, 명나라의 개국공신이던 유백온(劉白溫)선생은 명리학의 보서(寶書)라 칭하는 [적천수(滴天隨)]를 저술했다.

청나라 중엽의 심효첨(沈孝瞻)선생은 자평명서의 3대 보서(寶書)인 [자평진전(子平眞詮)]을 저술하였고, 임철초(任鐵樵)선생은 [적천수천미(滴天隨闡微)]를 저술하였다.

1935년 서락오(徐樂吾)선생은 [난강망(欄江網)]이라는 책에 주석을 달아 [궁통보감(窮通寶鑑)]을 펴내고 [적천수징의(滴天隨徵義)]를 저술했는데 [적천수천미(滴天隨闡微)]에서 진소암 선생의 주석 부분을 삭제한 것이다.

근대에는 위천리(韋千里)선생의 [명학강의(命學講義)]와 [팔자제요(八字提要)]가 손꼽히며, 오준민(吳俊民)선생의 [명리신론(命理新論)], 화제관주(花堤館主)선생의 [명학신의(命學新義)]와 하건충선생의 [팔자심리학(八字心理學)]도 좋은 책으로 꼽히고 있다.

2. 한국의 명리학

우리나라에서 [주역(周易)]에 대한 교육이 시작된 것은 고구려 소수림왕 2년(372)에 태학에서 시작되었다.

조선 시대에는 성균관(成均館)에서 태조 7년(1398)에 [주역(周易)]을 가르쳤는데, [대학(大學)] 1개월, [중용(中庸)] 2개월, [논어(論語)] 4개월, [맹자(孟子)] 4개월, [주역(周易)] 7개월을 가르쳤다. [주역(周易)]을 중요시했음을 알 수 있다.
바로 이 [주역(周易)]에서 명리학(命理學)이 탄생하였다.
이렇게 훌륭한 우리의 명리학은 문명과 문화의 발전에 발맞추지 못하고 천시와 소외의 굴레에서 터부시되어 왔으나, 근래에 들어 저변확대와 함께 인간의 미래정보라는 가치성이 인식되면서 과학적 실용학문으로서 자리 잡게 되었다.

도계 박재완(朴在玩: 1903~1992)선생은 위천리의 [명학강의(命學講義)]를 번역하여 [명리요강(命理要綱)]의 이론서를 저술했고, 위천리의 [팔자제요(八字提要)]를 번역하여 일지론을 첨가한 후 [명리사전(命理辭典)]을 저술하여 한국 역학계에 크게 공헌하였다.

자강 이석영(李錫暎: 1920~1983)선생은 20년간의 연구를 통하여 [사주첩경(四柱捷徑)]이라는 전 6권의 대작을 실전체험과 임상을 걸쳐 1969년에 완성함으로써 중국 서적의 의존을 탈피하는 빛나는 공헌을 세웠다.

3. 사주팔자(四柱八字)의 정의와 구조

1) 사주팔자란?

사주(四柱)는 네 기둥이고, 팔자(八字)는 여덟글자라는 뜻이다. 사람이 세상에 태어나는 순간 지구에서부터 가까운 수성(水) 금성(金) 화성(火) 목성(木) 토성(土)으로부터 우주의 에너지를 받게 된다.

출생 당시의 년(年), 월(月), 일(日), 시(時)의 네 기둥을 사주(四柱)라 하고, 한 기둥마다 천간(天干)과 지지(地支)에 두 글자씩 모두 여덟 글자(八字)가 되니 사주팔자라고 한다. 탄생하며 받은 연월일시는 한 사람의 출생명세표이고 일생을 살아 내야 할 청사진이다.

이 청사진에는 그 사람 본체의 모습과 인생 흐름의 안내도가 숨겨져 있다.

사주를 자동차에 비유하자면, 사주는 차종과 성능이고, 운(運)은 그 차가 운행하는 도로이고, 도로의 상황과 정보를 미리 예측할 수 있는 네비게이션이 명리학이다.

차의 상태(사주)가 좋아도 도로(運)가 나쁘면 주행이 힘드니 고달프고, 차의 성능이 부족해도 도로가 좋으면 순조로운 주행을 할 수 있다. 사고나 산사태로 험한 상황일 때나, 명절에 고향에 내려갈 때에도 도로의 상태와 정보를 미리 알 수 있다면 훨씬 순조로울 것이다.

또한 명리학은 인생의 신호등과 같다.
천간과 지지와 행운(行運:대운 세운 등)이 변화하고 운동하
며 상호작용을 하면서 사건들을 진행시킨다.

빨간색 신호에는 움직이지 않고 기다리다가 초록색 신호에
는 마음껏 건너간다. 또한 저 만치 앞에 초록불이 보이면 건
던 걸음을 빠른 걸음으로, 또는 뛰어서 그 신호에 건너곤 한
다. 이렇듯 신호와 타이밍을 알려준다.

팔자가 귀하려면 천간지지가 유통이 잘 되어야 한다.
천간의 기운이 허약하면 지지에서 도와주면 보완이 되고, 지
지의 기운이 허약하면 천간에서 도우면 보완이 된다.

타고난 사주는 구조적인 밑그림이 규정되어 있으므로 거
시적 흐름을 거스를 순 없지만, 정성을 다하는 마음으로 음
양오행과 천간지지를 궁리한다면 의외로 많은 힌트를 찾을
수 있을 것이고, **불행은 최소화하고 행복은 최대화시켜 피흉
취길(避凶就吉)하면서 삶의 가치와 질을 높일수 있을 것이
다.**

피흉취길(避凶就吉): 흉한 것은 피하고 좋은 것을 취한다
避(피할 피)　凶(재앙 흉)　就(이룰 취, 나아갈 취)
吉(길할 길)　運(돌 운)　命(목숨 명)

　　　　　　　　　유쾌한 사주

2) 사주팔자의 구조

태어난 해의 간지를 연주(年柱)라 하고, 생월의 간지를 월주(月柱), 생일의 간지를 일주(日柱), 생시를 시주(時柱)라고 한다.
사주의 네 기둥에는 근(根) 묘(苗) 화(花) 실(實)이 나타나 있다. 뿌리(조상) 싹(부모 형제) 꽃(자신과 배우자) 열매(자식)의 형태가 있고, 유년부터 청년 중년 말년의 일생이 있다.

＼	時柱	日柱	月柱	年柱
천간	시간	일간	월간	연간
지지	시지	일지	월지	연지
根苗花實	實	花	苗	根
육친	자식	자신,배우자	부모,형제	조상
일생	말년	중년	청년	유년
나이	61~	41~60	21~40	1~20
전,후,생	후세	현세	금세	전생
계절	冬	秋	夏	春
소속	미래	가정	사회	국가

* 다른 말 같은 뜻

. 여자 사주는 여명(女命), 곤명(坤命).
  남자 사주는 남명(男命), 건명(乾命)이라고도 한다.
. 사주 여덟글자 사주원국을 사주명식(命式)이라 하고,
  대운과 세운 월운 일운을 행운(行運)이라고 한다.

. 연간(연주의 천간)을 연상(年上), 세간(歲干)이라 한다.
  연지(연주의 지지)를 연하, 세지(歲支)라고도 한다.
. 월간(월주의 천간)을 월상이라고도 한다.
. 월지를 월건(月建), 월령(月令)이라고도 한다.

. 일간을 일원(日元), 신(身), 주(柱), 일신이라고도 한다.
. 일지를 좌하(坐下)라고도 한다.
. 시간(시주의 천간)을 시상(時上)이라고도 한다.

根(뿌리 근)   苗(싹 묘)   花(꽃 화)   實(열매 실)
乾(하늘 건)   坤(땅 곤)   元(으뜸 원)   坐(앉을 좌)
殺(죽일 살)   煞(죽일 살)   梟(올빼미 효)   神(귀신,정신 신)

2장 음양오행론(陰陽五行論)

1. 음양(陰陽)

1920년대 중국 양계초(梁啓超)의 글부터 1990년대의 사소령(謝松齡)의 글을 참고하면

우주가 생기기 전의 상태를 태극(太極)이라고 한다. 태극은 무극시대(無極時代)로 아무것도 없는 텅빈 진공의 상태이지만 우주를 창시하고 만들 수 있는 무궁한 조화력을 갖추고 있는 상태이다.

무극시대에서 세월이 흘러 일기시대(一氣時代)로 변천하고, 이 시기는 형(型)과 질(質)은 없고 기(氣)만이 존재한다.

또 오랜 시간이 지나 음(陰)과 양(陽)으로 나누어지는 양의시대(兩儀時代)로 분리되고, 양(陽)에서는 태양(太陽)과 소음(少陰), 음(陰)에서는 소양(少陽)과 태음(太陰)이 발생하는 사상(四象)이 생겨나고, 사상(四象)에서 팔괘(八卦)의 건(乾) 태(兌) 이(離) 진(震) 손(巽) 감(坎) 간(艮) 곤(坤)이 생겨났다.

외람된 것 같지만 성서에 창세기 1장의 천지창조를 보면 '땅은 아직 모양을 갖추지 않고 아무 것도 생기지 않았는데, 어둠이 깊은 물 위에 뒤덮여 있었고, 그 물 위에 하느님의 기운이 휘돌고 있었다...... 빛을 만들어 낮과 밤을 만드시고, 물과 물 사이를 갈라 하늘을 만드시고, 땅과 바다를 만드시고...... 푸른 움과 낟알을 내는 풀과 씨 있는 온갖 과일

나무를 만드시고...... 하늘에 빛나는 달과 별을 만드셔서 낮과 밤을 다스리게 하셨다... 온갖 동물들을 암수로 만드시고 마지막에 사람을 지어내시되 남자와 여자를 지으셨다.'

위의 내용을 이렇게 정리해 볼 수도 있겠다.
어둠이 깊은 물 위에 뒤덮여- 물: 水
빛을 만들어 낮과 밤을- 빛: 火
땅과 바다를- 땅: 土
푸른 움과 풀- 풀과 나무: 木
씨 있는 온갖 과일나무들- 열매와 딱딱한 씨앗: 金

또한 오행과 더불어 **음양을 반드시 함께 창조하셨다.**
낮과 밤, 밝음과 어둠, 하늘과 땅, 해와 달, 땅과 바다, 암수, 남자와 여자를...

음양(陰陽)이란 세상 구성물의 기본인 이진법적인 짝의 형태이다. 음양 중 하나라도 없으면 유(有)의 세계는 존재가 어렵다. 음과 양은 짝을 이루어야 치우치지 않고 하나의 완성체로써 조화로우며, 모든 생물의 본능인 종족번식과 종족유지를 할 수 있다. 음양은 일체로서 양면적이다. 지구의 한쪽이 낮이면 반대편은 밤이듯이.

오행을 큰 틀에서 보면 천간은 양이고, 지지는 음으로 볼 수 있다. 또한 천간에서 음양을 나누어 보자면 甲乙丙丁戊는 陽으로 己庚辛壬癸는 陰으로 분류할 수 있다. 온도로 분류하자면 木,火는 양이고, 金,水는 음으로 분류할 수 있다. 각각의 고유한 음양을 가지지만 절대적이지 않고 상대적이며, 공존하며 쉼없이 움직인다.

여성에겐 약 75%의 陰, 25%의 陽기운이 내재하는데 세월이 흘러 갱년기를 지나면서 양의 기운이 드러나고 음의 기운은 쇠퇴하며 여성성은 작아지고 남성성이 발현된다. 남성의 경우도 반대로 비슷한 현상을 보이며 음양은 공존하며 쉼없이 움직임을 보여준다.

음양(陰陽)의 속성

음(陰)	質 地 月 女 靜 下 內 終 足 低 水 北 二 惡 死 濕 夜 暗 金水 수축 응집 어두움 슬픔 소심 소극적 은밀 수동적 과거 완성 하강 비제도권
양(陽)	氣 天 日 男 動 上 外 始 頭 高 火 南 一 善 生 燥 晝 明 木火 팽창 확산 밝음 기쁨 대범 적극적 개방 능동적 미래 시작 상승 제도권

2. 오행(五行)

　지구는 우주의 기운을 받으며 공전과 자전을 하고 있다. 지구에서 가까운 목성 화성 토성 금성 수성에서 에너지파장을 받으며 그것을 목(木) 화(火) 토(土) 금(金) 수(水)로 이론화하여 그 특성들을 이해할 수 있다.
사주에 필요한 오행은 해당 오행의 속성들을 끌어다 사용하면 기운을 보충을 받을 수 있다.

　1) 오행의 성정과 속성

① **木-성품은 인(仁).**
인자함. 의욕. 정신. 의지. 교육. 돌봄.
성장. 약진. 발육. 정직. 담력. 고지식. 배짱. 측은지심.
시작. 리더십. 곧게 뻗는 기상.
신경이 예민해지기 쉽다.
태과하면 어질지 못하고 질투심이 많고 간섭이 심하다.
불급하면 절도가 없고 인색하며 허풍이 있다.
계절은 봄이며, 방위는 동쪽이다.
인체로는 간. 담. 신경. 눈. 팔다리를 나타낸다.
색은 청색이고, 숫자는 3. 8
천간-甲(파란색) 乙(연두색)
지지-寅卯

② 火-성품은 예(禮). 예의 바르고 명랑하다.

태양. 별. 등불. 화롯불. 촛불. 명랑. 화술. 직언. 달변
솔직함. 화려함. 예능. 시선 집중.
위로 치솟아 타오르는 화기(火氣)로 만물을 정화, 소화시킨
다. 뒤끝이 없고, 비밀을 잘 간직하지 못한다.
일을 잘 저지르고, 태양이 골고루 비추듯 간섭이 많다.
태과하면 조급하고 감정 변화 심하다. 정신계.
불급하면 끝마무리가 약하고 결단력이 미흡하다.
계절은 여름이고 방위는 남방이다.
색은 적색이고 하루 중에 밝은 낮이고, 맛은 쓴맛이다.
인체는 심장. 소장. 어깨. 혀   숫자는 2. 7
천간-丙丁   지지-巳午

③ 土-성품은 신(信). 신용이 있고 참되다.

만물을 번식, 번성시키는 근원이자 중심으로, 모든 것을 중
용(中庸)으로 감싸며 보호해주는 기운이다. 대범하다.
산. 평야. 정원. 신뢰. 믿음. 조화. 중심. 안정. 집결. 충성심.
효심. 언행일치. 포용력 있음. 타협과 중재 잘함.
태과하면 고집이 세고 게으르며 보수적이다.
불급하면 신의가 없고 의견충돌이 많고 인색하다.
사계절 중 환절기에 있고 방위는 중앙, 색은 황색이고, 하
루 중에 다 있고, 맛은 단맛이고
인체는 비장. 위. 피부. 입   숫자는 5, 10
천간-戊己   지지-辰戌丑未

④ 金- 성품은 의(義). 의리와 결단성이 있다.

사물의 형태를 바꾸고 변형시켜 결실하게 한다.

쇠로 만든 각종 기구. 자동차. 중장비. 유리 귀금속.

의리. 정의. 심판. 권력. 냉정함. 용감. 변혁. 급속. 혈광. 명예. 포악. 완벽함. 책임감. 예민함. 차갑고 단단하여 과감한 결단력과 냉정함이 있다.

태과하면 원망심이 많고 잔인하고 무모하다.

불급하면 결단력이 부족하고 실행력이 약하다.

계절은 가을이고, 색은 흰색이며, 하루 중 저녁이다.

맛은 매운맛, 인체는 폐. 대장. 코. 골격   숫자는 4. 9

천간-庚辛   지지-申酉

⑤ 水- 성품은 지(智). 슬기롭고 계획성이 탁월하다.

만물을 적셔주고 끊임없이 변화하며 진보한다.

바닷물. 지하수. 비. 이슬. 지혜. 총명. 성교. 변화. 수학.

창조력. 포용. 인내. 기획. 조직력. 비밀. 음흉. 적응력.

지혜롭고 총명하며 계교와 감수성이 풍부하다.

태과하면 자만심이 있고 다재다능하고 호색 기질이 있다.

불급하면 포용력이 없고 매사에 주저함이 많다.

계절은 겨울, 방위는 북방, 검정색, 하루 중에 밤이다.

맛은 짠맛이며, 인체는 신장. 방광. 골수. 혈액. 정액. 귀

숫자는 1. 6

천간-壬癸   지지-亥子

<오행배속도>

구분	木	火	土	金	水
속성	仁(인정)	禮(예의)	信(신용)	義(의리)	智(지혜)
계절	봄	여름	환절기	가을	겨울
색	청색	적색	황색	백색	흑색
방위	동방	남방	중앙	서방	북방
하루	아침	낮	오후	저녁	한밤
맛	신맛	쓴맛	단맛	매운맛	짠맛
인생	유년기	청년기	중년기	장년기	노년기
신체	신경계	순환계 정신계	소화계	골격계 치아계	혈액계
오장	간장	심장	비장	폐장	신장
육부	간	소장	위	대장	방광
얼굴	눈	시력	입	코	귀
세계	극동	적도부근	중국.인도	유럽.미국	러시아
기운	풍(風)	열(熱)	습(濕)	조(燥)	한(寒)
십간	甲乙	丙丁	戊己	庚辛	壬癸
십이지	寅卯	巳午	辰戌丑未	申酉	亥子
오행수	1. 2	3. 4	5. 6	7. 8	9. 10
후천수	3 8	7 2	5 10	9 4	1 6
발음	ㄱㅋ	ㄴㄷㄹㅌ	ㅇㅎ	ㅅㅈㅊ	ㅁㅂㅍ
직업	교육 의학	연예 예능	농공 공무원	군경 금융	경제 경영

2) 오행의 상생(相生)

계절의 흐름이 봄, 여름, 가을, 겨울로 이어지듯이
오행도 서로 연결되며 서로 生剋制化의 작용을 한다.

봄에서 여름으로 가면 자연스러우니 봄이 여름을 만들어 주
는 生의 관계가 되고, 가을에서 겨울로 가는 것도
모두 가는 계절이 오는 계절을 生해주는 관계이다.

生은 베풀어 힘을 내어주고, 친화력이라 할 수 있다.
자신을 희생하면서 무조건 일방적으로 퍼주기만 한다.
모성애적인 사랑의 밀접한 관계이다. 하지만 生이 과하면 배
부른데 과식하면 탈이 나듯이 부작용이 발생할 수 있다.
生하는 방향은 일방적이며, 生을 하는 쪽은 힘이 빠지고
받는 쪽은 역량이 증가한다.

木生火　　火生土　　土生金　　金生水　　水生木

木生火: 木은 제 몸을 태워 火를 만든다.
火生土: 태양은 땅을 데우고 불은 흙을 구워서 도자기를
　　　　만들어 낸다.
土生金: 土는 金을 보존하고 생산케 해준다.
金生水: 바위 속에서 물이 솟는다.
水生木: 물은 나무를 자라나게 한다.

　　　　　　　　　　　　　　　　　　　유쾌한 사주

<오행의 상생도>

木生火　火生土　土生金　金生水　水生木

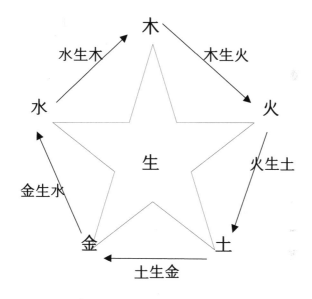

仁(어질 인)　禮(예도 례)　信(믿을 신)　相(서로 상)

義(옳을 의)　智(지혜 지)

　　　　　　　　　　　　　　　　　　유쾌한 사주

3) 오행의 상극(相剋)

　상극(相剋)은 억제하고 제어하고 침범하고 공격하고 투쟁하며 싸워서 빼앗는 작용이다. 극을 당하는 쪽은 힘이 많이 빠지고, 극을 하는 쪽도 약간의 힘이 빠진다. 하지만 너무 약한 자가 강한 자를 극하면 오히려 역공을 당한다.

木剋土　　土克水　　水剋火　　火克金　　金克木

木剋土: 木은 뿌리로 흙의 양분을 빼앗고 땅을 가른다.
土剋水: 土는 물길을 방해하고 댐을 쌓아 물을 가둔다.　水剋火: 水는 더위를 식히고, 불을 꺼버린다.
火剋金: 火는 무쇠금을 녹여 연장과 귀금속을 만든다.
金剋木: 쇠도끼는 재목을 다듬고 나무를 자른다.

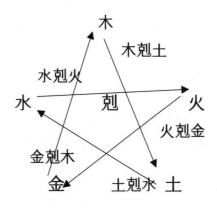

유쾌한 사주

4) 상생상극(相生相剋)의 반작용(反作用)

오행은 서로 生하고 剋하고 合하고 沖하는 관계가 공존한다. 기본적으로는 生合은 좋고 剋沖은 싫어하지만, 상황에 따라서는 결과가 흉(凶)해질 수도, 길(吉)해질 수도 있다.

오행의 과(過).불급(不及)에 의한 현상은 힘의 크기에 따라서 달라질 수 있다.
剋을 당하는 쪽이 피해를 입는 것이 기본원리이지만,
剋을 당하는 쪽이 剋을 하는 쪽보다 힘이 많이 강하면 오히려 剋을 하는 약한 쪽이 피해를 당하기도 한다.

〈상생의 반작용〉

.木生火의 반작용
목다화멸(木多火滅): 木이 너무 많으면 火가 꺼진다.
화다목분(火多木焚): 火가 너무 많으면 木이 재가 된다

.火生土의 반작용
화다토조(火多土燥): 火가 너무 많으면 土가 메마른다.
토다화식(土多火熄): 土가 너무 많으면 火가 꺼진다.

.土生金의 반작용
토다금매(土多金埋): 土가 많으면 金이 묻힌다.
금다토변(金多土變): 金이 과하면 土가 변한다.

---

35   유쾌한 사주

.金生水의 반작용

금다수탁(金多水濁): 金이 너무 많으면 水가 탁해진다.

수다금침(水多金沈): 水가 너무 많으면 金이 잠긴다.

.水生木의 반작용

수다목부(水多木浮): 水가 너무 많으면 木이 물에 뜬다.

목다수축(木多水縮): 木이 너무 많으면 水가 고갈된다.

滅(멸망할 멸)	焚(불사를 분)	燥(마를 조)
熄(꺼질 식)	埋(묻을 매)	變(변할 변)
濁(흐릴 탁)	沈(가라앉을 침)	浮(뜰 부)
縮(줄어들 축)	折(꺾을 절)	流(흐를 류)
缺(이지러질 결)	敗(깨뜨릴 패)	氣(기운 기)
生(날 생)	剋(이길 극)	反(되돌릴 반)
作(지을 작)	吉(길할 길)	凶(재앙 흉)

생극제화(生剋制化)-생하고 극하며 억제하고 변한다.

<상극의 반작용>

.木剋土의 반작용
토다목절(土多木折): 土가 너무 많으면 木이 꺾인다.

. 火克金의 반작용
금다화멸(金多火滅): 金이 너무 많으면 火가 꺼진다.

.土克水의 반작용
.수다토류(水多土流): 水가 너무 많으면 土가 쓸려간다.

.金克木의 반작용
목다금결(木多金缺): 木이 너무 많으면 金이 부러진다.

.水剋火의 반작용
화다수패(火多水敗): 火가 너무 많으면 水가 증발한다.

.비화(比化)의 반작용
비화는 같은 오행간인데 세력이 약할땐 서로 협조하고 돕지
만, 너무 강하게 무리지어 있으면 밥그릇 싸움을 하는 것과
같아 경쟁자의 역할을 하면서 다툼이 발생한다.(식상, 재성,
관성, 인성 등의 다툼)

---

5) 오행의 생극제화(生剋制化)

오행은 서로 생(生)하고 극(剋)하고 제(制)하고
화(化)하는 작용을 한다.

生: 生한다. 생을 하는 쪽은 힘이 빠지고, 생을 받는
   쪽은 역량이 증가된다.
   木生火, 火生土, 土生金, 金生水, 水生木

剋: 剋한다. 억제하고 단절하며 역량을 감소시킨다.
   극을 받는 쪽은 힘이 많이 빠진다.
   木剋土, 土剋水, 水剋火, 火剋金, 金剋木

制: 제압하여 보호한다.
   가령 水剋火의 상황에서
火의 자식인 土가 水를 제압하여 火를 보호하는 것이다.

化: 보호하고 살려준다.
   가령 水剋火의 상황에서
水의 자식인 木이 木生火로 중재를 해서 화해를 시켜준다.

折(꺾을 절)　滅(멸망할 멸)　流(흐를 류)　化(될 화)
缺(이지러질 결)　敗(무너질 패)　制(마를,억제할 제)

3장 천간.지지론(天干.地支)

1. 십천간(천간,십간)

甲 乙 丙 丁 戊 己 庚 辛 壬 癸

10천간(十天干)은 갑(甲) 을(乙) 병(丙) 정(丁) 무(戊)
기(己) 경(庚) 신(辛) 임(壬) 계(癸)로 구성이 되어 있다.

천간(天干)은 하늘을 뜻한다.
천간은 정신, 마음, 내면세계이고 지지는 현실세계이다.
천간은 무형이고, 지지는 유형의 세계이다.

천간을 음양으로 나누면 다음과 같다.
5음(陰)간은 을(乙) 정(丁) 기(己) 신(辛) 계(癸)이고,
가장 음(陰)은 계수(癸水)이고 진음(眞陰)이라고도 한다.

5양(陽)간은 갑(甲) 병(丙) 무(戊) 경(庚) 임(壬)인데,
가장 양(陽)인 것은 병화(丙火)이고 진양(眞陽)이라 한다.

甲+ 乙- 丙+ 丁- 戊+ 己- 庚+ 辛- 壬+ 癸-

(음- 양+)

1) 천간의 속성

① 甲木+

陽木. 死木. 동량지목(棟梁之木). 대림목(大林木). 강목.
곧고 바른 나무. 과실나무. 수목원. 산림. 목재. 땔감. 책
봄: 생장목   여름: 활엽목   가을: 성장목   겨울: 휴면목
인자함. 자상함. 성장. 약진. 성실함. 의욕적. 정신적.
배려심. 리더십. 교육적. 발전적. 진취적. 자존심. 고지식.

木의 기(氣). 仁. 바르고 어질다.
물기를 잘 흡수하고 火를 잘 만들어 준다.
성장해서 꽃을 피우고 열매를 맺고 씨앗을 남긴다.
낙엽은 거름이 되고 몸통은 재목과 땔감으로 쓰인다.

. 강한 甲은 丙火를 만나면 능력분출이 잘 된다.
. 火가 너무 많으면 木이 불타버린다. 이 때는 습토가 좋다.(己辰丑)
. 수가 너무 많으면 물이 범람해 木이 뜬다. 이 때는 戊토로 제수
 하거나 寅목이 물을 흡수하고 나무뿌리를 잡아주면 좋다.
. 甲이 金을 못 만나면 볼품없다. 庚金으로 다듬어 작품이 된다.

. 스케일이 크고 활동적이며 선두를 희망한다.
멈추지 않고 끊임없이 움직이며 발전을 추구한다.
지는 것을 싫어하고, 고지식하고 융통성이 부족하여 비타협적이다.
사치와 허풍이 있고, 자기주장이 관철되지 않을 때는 고독하다.

청색. 봄. 동쪽. 신맛. 3.
쓸개. 간. 담 두뇌. 두통. 신경. 인후. 류머티즘. 모발.

② 乙木-

陰木. 生木. 지엽목(枝葉木). 유목(幼木). 습목(濕木).
작은나무. 풀. 덩굴식물. 잔디. 잡초. 책. 서점. 꽃집.

인내심. 쾌활. 유연한 사고. 의지력. 질투심. 처세술. 의존적.
섬세함. 적응력. 친화력.사교적. 현실적. 치장. 허풍

木의 질(質). 仁
습한 나무라서 火를 만들어 내기가 힘들다.
뿌리를 내려야 할 지지에 수분이 많아도 부담스럽고
甲을 의지하면 가장 든든하다. 차가우면 말라 줄어든다.
몸체에 비해 꽃이 크다.

. 乙은 관성보다는 식상으로 다스리는 것이 좋다.
. 봄에 나면 불이 좋다는 것은 활발하게 자랄 수 있기
때문이고, 여름에는 더워서 물이 중요한데 건조함을 적셔주
기 때문이고, 가을생이 불이 좋은 것은 金을 극하기 위함이
고, 겨울생은 추위를 해소하기 때문이다.

새로운 것을 추구하며 온유하고 배려심이 있다.
주위의 반응에 민감하고 끈질기다.
내실 있고, 근면 성실하고 생활력이 강하다.
은근히 고집이 세고 변덕이 심하다.

청색(연두색). 봄. 동쪽. 신맛. 8.
간. 담. 두뇌. 두통. 신경. 인후. 류머티즘. 모발.

③ 丙火+

陽火. 死火. 태양. 빛. 전기. 방사선. 원자력. 화력발전.
용광로. 컴퓨터. 정보. 통신. 문화. 마케팅. 화약. 무기.
천지사방을 두루 비춤
공명정대. 화려함. 명랑. 예의. 쾌활. 봉사심. 명분. 추진력.
목표의식. 적극적. 긍정적. 직선적. 솔직. 허풍. 변덕

火의 기(氣). 禮 예의가 바르다.
. 맹렬한 火로써 눈이든 서리든 쇠붙이든 녹이지만 辛金
을 만나면 합하여 水를 만들면서 화평한다.
.己土는 가뭄도 해결하는 습토이니 火生土가 잘 되고,
 戊土는 조열하니 丙火를 보면 그대로 말라버린다.
. 웬만큼 물이 범람해도 감당을 하는데 癸水는 약해서
증발해 버리고 壬水로써 제압이 가능하다.
. 뿌리가 약해도 웬만하면 종하지 않는다.
. 태양의 기운으로 흙에게 온기를 주어서 식물을 자라게
하고, 金의 살기를 없앤다.
. 특히 甲은 丙을 만나면 능력이 피어 오른다.

주변을 의식하지 않고 언변이 좋고 분위기를 잘 탄다.
조급하고 흥분을 잘 한다. 소유욕과 집착이 강하다.
감정정리가 잘 되어 뒤끝이 없고 감정기복이 있다.
나서기를 좋아하고 화려한 것을 좋아하니 지식으로 중무장
하면 크게 두각을 나타낸다.
적색. 여름. 남쪽. 쓴맛. 7.
어깨. 소장. 심장. 정신. 시력. 혀. 혈압. 흉부. 가슴

④ 丁火-
陰火. 生火. 등촉화(燈燭火). 성(星). 달. 레이져. 카메라.
화장품. 컴퓨터. 통신.

예의. 지속성. 확장성. 인내심. 긍정적. 사교적. 표현력.
화술. 온화함. 실속. 배려심. 양면성. 승부욕. 현실적.

火의 질(質). 禮 현실적.
. 木을 태워 불을 피워 따뜻하게 하고
  庚金을 녹여 제련하여 보석과 가전제품 등을 만든다.
. 약한 丁火도 木火를 얻으면 걱정 없다.

. 약한 丁火도 세력이 강하면 丙火처럼 힘이 넘치지만
여름에 태어나도 불타 버리지는 않고, 겨울에 태어나도 꺼져
버리지는 않는다.
. 천간에 甲乙木이 있다면 가을의 金도 두렵지 않고
寅卯가 있다면 겨울에 태어나도 물을 꺼리지 않는다.

. 끈기 있고 외유내강하여 어려운 일도 능히 처리한다.
. 팽창의 기운이다. 선견지명이 있다.
. 침착하여 주변환경과 조화를 잘 이룬다.
. 명랑한 반면 수심이 있고, 의견주장에 소극적이다.
. 저돌적이고 드러나지 않는 이기심이 있다.

적색. 여름. 남쪽. 2.
심장. 소장. 정신. 시력. 혀. 흉부.

⑤ 戊土+

陽土. 死土. 산야(山野). 고원. 제방. 평야. 넓은 땅.
부동산. 태산. 논밭. 높은 언덕. 벌판. 담장. 성곽.

관대함. 신용. 충성심. 중후함. 포용력. 응집력. 공평함.
의리. 단순함. 책임감. 여유. 리더십. 무뚝뚝. 고집. 거만

土의 기(氣). 信. 믿음이 있다.
. 火기운을 품고 있는 건조한 토이다.
. 水가 도우면 습토가 되어서 木이 무성할 수 있다.

. 봄 여름에 태어나 불이 왕성하면 물로 적셔주면 좋고,
  물기운이 부족하여 메마르면 흉하다.
. 가을 겨울에 태어나 물이 많을 때에는 불로 따스하게
해 주면 좋고 너무 습하면 만물은 병이 들어 흉하다.
. 辰戌丑未월에 출생한 庚申 辛酉일생은 월령을 장악하여
왕성한 土의 기운을 설하니 빼어난 기운이 있다.
. 물을 가두어 수해를 방지하니, 土克水를 잘한다.
. 바위와 금강석을 품고 있지만 土生金은 조토라서 어렵다.

. 중후하고 완고하고 보수적이며 욕심이 많다.
. 규칙을 잘 지키며, 사람을 잘 믿는다.
. 고정관념이 강하고 과거에 관심이 많다.
. 신용과 충정이 있어 남의 일에 중재역할을 잘 한다.
  황색. 환절기. 중앙. 단맛. 5.
. 옆구리. 위장. 비장 복부. 허리. 당뇨. 결석. 암. 피부.

⑥ 己土-

陰土. 生土. 전답(田畓). 유토(柔土). 정리된 옥토(玉土).
마당. 작은 텃밭. 오솔길. 도로. 윤택한 흙. 축축한 토.

신의. 겸손. 리더십. 적응력. 논리적. 다정다감. 언변.
자기관리. 포용력. 끈기. 보수적. 안정적. 사교적. 이중적

토의 질(質). 信. 신의 있다.
. 濕土로 만물을 축장한다.
. 물을 만나면 흡수하고 저장하느라 土克水는 약하다.
. 火의 기운을 능히 설기하여 온습을 보존하고,
. 金의 기운을 生하여 윤택하게 하니 금이 많은 것은
  얼마든지 빛나게 해 줄수가 있다.
. 木의 뿌리를 배양해 주므로 木이 剋하는 것이 약하다.
. 화초가 울창하게 성장하여 꽃피우고 열매를 맺게 한다.

. 실속 있고 예감이 빠르다.
. 음양의 기질을 모두 소유한다.
. 자기주장이 강하고 자기관리를 잘 한다.
. 감정기복이 있고 마음의 상처를 잘 받는다.
. 목소리가 크고 좋다. 쓰고 기록하기를 잘한다.

황색. 환절기. 중앙. 단맛. 10.
배. 비장. 위장. 허리. 습진. 당뇨. 암. 결석. 피부. 근육

⑦ 庚金+

陽金. 死金. 철(鐵). 쇳덩이. 바윗덩이. 철강 탱크. 기차.
버스. 선박. 중장비. 종

의리. 결단력. 추진력. 적극적. 독선적. 개혁적. 정의감.
포용력. 냉철함. 순수함. 비타협. 폭력성. 공격성. 무모함.

金의 기(氣). 義 의리 있다.
. 제련이 안된 강철로 강한 살기를 띠고 있다.
. 丁火를 보면 살기가 제련이 되어 단단하고 예리해진다.
. 봄 여름에 태어나면 약하므로 습기를 머금은 土에게서
 생조를 받는다.(己丑辰)
. 戌未는 조열하고 건조하니 생조가 어렵다.
. 甲을 보면 살기로 누르지만 乙木은 합하여 유정하다.
. 바위틈에서 맑은 물이 나와 金生水를 한다.
.쇠로 만든 도구들은 풀과 나무를 잘라 수확한다(金克木)

. 초가을의 싸늘한 냉기는 결실을 재촉한다.
. 초목을 말라 죽게 한다
. 두뇌회전이 빠르고 부지런하며 주먹을 쓸 수 있다.
. 의리를 중시하여 겉은 차가워도 속은 따뜻하다.
. 시작한 일은 마무리를 잘 하며 끊고 맺음이 분명하다.

흰색. 가을. 서쪽. 매운맛. 9.
배꼽. 대장. 기관지. 골격. 치아. 변비. 치질. 축농증.

⑧ 辛金-

陰金. 生金. 금은(金銀). 보석. 장신구. 다이아몬드. 금고. 동전. 시계. 주사기. 칼. 침. 열쇠. 수저. 조약돌. 유리.

예리함. 섬세함. 깔끔. 외유내강. 계획적. 감정제어. 욕심. 총명함. 자만심. 집요함. 냉철. 이기적. 논리적. 비사교적

金의 질(質). 義 예리하다.
. 공들여 제련된 보석이다.
. 土가 너무 많으면 묻혀서 아름다움을 자랑할 수 없으니 싫어하고, 물이 많으면 토양을 적셔주고 그 토양이 土生金을 하니 좋다.
. 火를 싫어한다. 火가 많으면 습토로 火의 기운을 흡수하며 생조를 하면 좋고, 한랭하면 따스하게 데워준다.
. 辛金도 강하면 庚金과 같고 庚金도 약하면 辛金과 같다.
. 丙火와는 다정하여 合을 하고, 乙木에겐 무정하다.

. 외모가 아름답고 피부가 좋은 편이다.
. 자만심이 있고 도전적이다.
. 은근한 경쟁심이 있어 지는 것을 싫어한다.
. 좋고 싫음의 구분이 명확하고 스트레스를 많이 받는다.
. 까다롭고 냉정하여 대인관계에 어려움이 있다.

흰색. 가을. 서쪽. 매운맛. 4.
허벅지. 폐. 대장. 기관지. 골격. 치아. 축농증. 변비.

⑨ 壬水+

陽水. 死水. 해수(海水). 만수(滿水). 호수. 강물. 바닷물. 폭풍
우. 태풍. 해일. 홍수. 장마. 구름

지혜. 총명. 계획성. 창조성. 아이디어. 융통성. 유연. 정열.
냉정. 적응력. 적극적. 예술성. 수용성. 침착. 발전. 성장. 친
화력. 음란.

水의 기(氣). 智 지혜롭다.
. 두루 흘러서 막힘이 없다.
. 나무에게는 물을 주어 성장시키고, 뜨거운 열기는 식혀주
  고, 금은보석은 빛나게 물로 씻어준다.
. 흙에 수분을 공급해서 영양분을 비축하게 한다.
. 申子辰이 모두 있고 천간에 壬癸水가 있어 범람할 경우
  는 土보다는 木으로 설기시키는 것이 더 좋다.
. 조토는 土克水를 하지만 습토는 土克水가 어렵다.
. 丁火랑 합하여 化하면 木으로 火를 생조한다.

. 기획력이 좋고 계획적이며 실천적이다.
. 변화가 많고 활동력이 강하여 확장적이다.
. 참을성이 없고 변덕이 있고 바람기가 있다.
. 모사에 능하고 권모술수가 많다.
. 시작은 잘 하나 마무리가 약하다.

흑색. 겨울. 북쪽. 짠맛. 1.
방광. 신장. 비뇨기계. 수분. 귀. 중이염. 성병. 야뇨증.

⑩ 癸水-

陰水. 生水. 활수(活水). 우로수(雨露水). 작은 물. 안개.
이슬비. 가랑비. 약수. 샘물. 시냇물. 눈물. 정액. 음료수.

다정다감. 여림. 적응력. 총명함. 계산. 정리. 온순. 순종. 합
리적. 지혜. 감성적. 외유내강. 주관적. 냉정함. 음란.

水의 질(質). 智 다정다감하다.
. 화초나 초목이 성장하게 돕고, 더위를 식혀주고,
. 금은보석을 빛나게 씻어준다.
. 습기로 흙의 영양분을 생성케 해준다.
. 火土가 많아도 걱정 없다. 지극히 약한 성분이므로 戊土
를 보면 저항하지 않고 戊癸合을 해 버린다.
. 강한 금을 설기하기는 힘이 약하다.
. 꾀가 많고 비밀이 많고 계획성이 치밀하다.

기획력이 좋고 재주가 많고, 대인관계를 잘한다.
섬세하고 치밀하고 부드럽지만 차가운 면이 있다.
주변을 의식하고, 부드럽게 중재를 잘 한다.
집착이 과하고 잔인한 면이 있다.
신경이 예민하고 다소 의존적이다.

흑색. 겨울. 북쪽. 짠맛. 6.
콩팥. 발. 신장. 방광. 비뇨기. 귀. 중이염. 야뇨증. 성병.

<천간의 속성>

＼	甲	乙	丙	丁	戊	己	庚	辛	壬	癸
음양	陽 +	陰 -	陽 +	陰 -	陽 +	陰 -	陽 +	陰 -	陽 +	陰 -
오행	木		火		土		金		水	
방위	東		南		中央		西		北	
계절	봄		여름		환절기		가을		겨울	
오색	청색		적색		황색		백색		흑색	
맛	신맛		쓴맛		단맛		매운맛		짠맛	
의	仁		禮		信		義		智	

棟(용마루 동) 梁(들보 량) 支(가를,지탱할지) 活(살 활)
幼(어릴 유)   枝(가지 지) 葉(잎 엽) 燈(등잔 등)
燭(촛불 촉)   鐵(쇠 철)   柔(부드러울 유) 畓(논 답)
氣(기운 기)   質(바탕 질) 陰(그늘 음) 陽(볕 양)
氣質(기질: 꾸미지 아니한 타고난 바탕의 성질)

2) 천간의 생극(生剋)

陽과 陽은 合이 될 수 없고, 陽과 陰은 合이 될 수 있으므로 조화롭다. 양과 양, 음과 음은 친하지 않고 밀어내는 성질이 있고, 서로 다른 양과 음은 밀어내지 않고 친하려는 성질이 있어 그 剋함이 약하다.
甲 乙은 木으로써 庚 辛 金에 의해 극을 받는다.
甲은 陽木이고 庚은 陽金이므로 음양의 조화가 안 되니 甲과 庚의 극은 강하고 甲과 辛은 극함이 약하다.

丙丁은 火로써 壬癸에 의해 剋을 당한다.
丙火도 陽이고 壬水도 陽이므로 극함이 강하고,
丙火와 癸水는 陰陽이 조화하므로 극이 약하다.

같은 음양의 원리에 의해서 戊 陽土와 甲 陽木은 극이 심하고 戊土와 乙木의 극은 약하며 庚陽金과 丙陽火는 극이 강하고 壬陽水와 戊陽土도 극이 강하다.
庚陽金과 丁陰火, 壬陽水와 己陰土는 陰陽이 조화하므로 극이 심하지 않다.

3) 양조(陽燥)와 음습(陰濕)

甲乙丙丁戊는 태양의 기운이 왕성한 춘하절로 양조하고, 己庚辛壬癸는 음기가 성한 추동의 절기로 음습하다.

2. 12지지론(十二地支論)

땅(地)에는 12가지의 별이 있으니 십이지지라 하고, 땅을 상징하며 5가지 오행과 음양이 배속되어 있다. 십이지지는 열두 띠 동물을 상징하며 다음과 같다.

자(子)-쥐 축(丑)-소 인(寅)-호랑이 묘(卯)-토끼

진(辰)-용 사(巳)-뱀 오(午)-말   미(未)-양

신(申)-원숭이 유(酉)-닭 술(戌)-개   해(亥)-돼지

寅卯巳午未戌은 태양의 기운이 왕성하니 양조(陽燥)하고, 申酉亥子丑辰은 음기가 성하므로 음습(陰濕)하다.

1) 12지지의 속성

① 亥水+

지장간: 戊甲壬

陽水. 돼지. 음력10월. 초겨울. 서북쪽.

시간은 21:30~23:30이다. 온난수. 해수(海水). 정지수.

흐르는 물로 능히 木을 生하고, 水가 많으면 넘치게 되나 强金은 설기시키고 조토를 적셔 윤택하게 한다.

亥水는 원래 陰水이나 지장간의 정기가 壬水 楊干이므로 양수로 작용한다. 물. 바다. 주류. 세탁기. 군함. 생선.

신장 방광 머리카락 해산물 해조류 어류 음료 수도

---

② 子水-
지장간: 壬癸
陰水. 쥐. 음력11월. 겨울. 밤. 정북쪽
한냉수. 천수(泉水). 활수(活水). 종수(縱水).
시간은 23:30~01:30

응축된 水로 木을 生하고 火를 剋한다. 만물이 휴식하는 시기이며 기가 안으로 모여 새로운 시작을 꿈꾼다.

子水는 원래 陽水이나 지장간의 정기가 癸水 陰干이므로 陰水로 작용한다. 子월의 子는 냉수라 水生木이 어렵다.
물. 강. 연못. 우물. 땀. 개천. 생선. 달팽이. 소금물 쥐
신장 방광 귀 생식기 월경 정자 난자 피 대소변 어패류

③ 丑土-
지장간: 癸辛己
陰土. 소. 음력12월. 겨울. 동북쪽. 꽁꽁 언 동토(凍土)
시간은 01:30~03:30이다

지장간에 辛癸를 가지고 있으니 습한 土이다.
木金土가 모두 뿌리를 내릴 수 있다. 土克水가 어렵다.

조염(燥炎)한 사주의 木은 丑土가 있어도 좋다.
火가 치열하면 온도를 조절하지만 火가 약할 때는 火를 더욱 어둡게 한다. 금고. 차고. 빙판. 무기. 농토. 흙. 교량. 소
노새 비장 배 발 어깨 피부

④ 寅木+

지장간: 戊丙甲

陽木. 호랑이. 음력1월. 초봄. 동북쪽

동량목(棟梁木). 조목(燥木). 死木. 시간은 03:30~05:30

火를 生하고 旺한 水라도 설기하여 유통시킨다.

활동 범위가 넓고 크다. 丙을 지니고 있으니 따뜻하다.

만물이 자라고 활동하는 시작으로 자신의 능력을 당당히 표현하고 감추지 않는 양기의 발산이다.

나무. 산림. 약초. 서적. 의복. 신문. 책상. 악기. 발전기

간 담 힘줄 맥 머리카락 눈   발열기 문화시설

⑤ 卯木-

지장간: 甲乙

陰木. 토끼. 음력2월. 봄. 정동쪽

습목(濕木). 활목(活木). 유목(柔木). 초근(草根)

시간은 05:30~07:30이다.

陰氣가 가득찬 생목(生木)이고 습기를 머금고 있으므로 불을 만들어 내기가 어렵고, 물을 흡수하는 것도 寅에 비해 약하다.   채소 과일 묘목 1년생 초목

나무. 문패. 섬유. 화초. 가구. 의복. 목기. 책상. 수레

간 혈관 힘줄 손 눈 신경 고환

燥(마를 조)   濕(축축할 습)

⑥ 辰土+
지장간: 乙癸戊
陽土. 용. 음력3월. 봄. 동남쪽
시간은 07:30~09:30이다.

癸水를 가진 습토로, 水를 저장하는 창고이며
치열한 火를 설하여 온도를 조절한다.
습기가 있는 土이므로 土剋水가 어렵다.
金을 만나면 총명하고 子水를 만나면 水局으로 합한다.
흙. 산등성이. 토석. 골재. 정원. 약재. 농토. 습지. 뻘
위장 비장 어깨 목덜미 목구멍 편도선 갈비 피부

⑦ 巳火+
지장간: 戊庚丙
陽火. 뱀. 음력4월. 초여름. 동남쪽
시간은 09:30~11:30.

강렬한 火. 총명한 정신.
木의 습기를 발산시켜 材木이 되게 하므로 문학과 정보의
지적인 기운을 발현시킨다.

巳火는 원래 陰이지만 지장간의 정기가 丙火陽이므로
陽火로 작용한다. 전열기구 조명기구 곤충 조류
용광로. 화학. 전등. 사진. 담배. 전화. 휘발유. 미용재료
심장 소장 삼초 얼굴 치아 넓적다리 반점 토혈

⑧ 午火-
지장간: 丙己丁
陰火. 말. 음력5월. 여름. 정남쪽. 가장 강한 火.
활화(活火). 생화(生火). 시간은 11:30~13:30

화려한 정신의 상이다.
水를 두려워하지 않고 능히 金을 다스릴 능력이 있어서 强
金이 두렵지 않다. 젖은 땅과 습목을 말릴 수 있다.

午火는 원래 陽이지만 지장간의 정기가 丁火陰이므로
陰火로 작용한다. 말 노루 사슴 열관리 문화용구 꽃
불. 악세사리. 화장품. 간판. 안경. 사진. 조명. 유흥장소 심
장 눈 혀 정신

⑨ 未土-
지장간: 丁乙己
陰土. 양. 음력 6월. 여름. 서남쪽
조열한 토. 시간은 13:30~15:30이다.

火氣가 있고 水氣가 없어서 메마른 조토이다.
겨울의 水를 흡수하고 보온하여 토양을 생조한다.
土克水를 잘 하나, 土生金은 어렵다.
흙. 골재. 시멘트. 정원. 담장 인삼 약초 창고
위장 비장 입술 어깨 배

유쾌한 사주

⑩ 申金+

지장간: 戊壬庚

陽金. 원숭이. 음력 7월. 초가을. 남서쪽. 사금(死金)

시간은 15:30~17:30

제련되지 않은 강한 무쇠 금. 원숭이 고릴라

역마성이 강하다. 손재주가 많고 잔재주가 많다.

욕망을 펼쳐 행동하는 포부가 크다. 금속품 교통

금. 은행. 차량. 무기. 비행기. 수도관. 농기구

폐 대장 힘줄 뼈 종창 음성

⑪ 酉金-

지장간: 庚辛

陰金이다. 닭. 음력8월. 가을. 정서쪽. 활금(活金)

정제된 보석. 시간은 17:30~19:30이다.

깨끗한 외모와 결집된 金氣의 결정체이다. 열매. 봉황

火氣의 강함을 반기지 않고 지나친 生을 원치도 않는다.

금. 보석. 은행. 현금. 마이크. 침. 칼. 주사. 유리. 악기

폐 입 코 음성 정액 월경

⑫ 戌土+

지장간: 辛丁戊

陽土. 개. 음력9월 서북쪽

조열한 토. 시간은 19:30~21:30이다.

水氣가 없고 火氣가 있는 메마른 조토이다.

넘치는 水를 조절하고 습랭함을 제거한다.

흙. 공장. 화로. 도자기. 감옥. 분묘. 학교. 토지. 언론

<h2 style="text-align:center">〈12지지 도표〉</h2>

\	동물	오행	음양	월(음)	시간	계절	방위
亥	돼지	水	陽+	10월	21:00~23:00	겨울	북
子	쥐	水	陰-	11월	11:00~01:00		
丑	소	土	陰-	12월	01:00~03:00		
寅	호랑이	木	陽+	1월	03:00~05:00	봄	동
卯	토끼	木	陰-	2월	05:00~07:00		
辰	용	土	陽+	3월	07:00~09:00		
巳	뱀	火	陽+	4월	09:00~11:00	여름	남
午	말	火	陰-	5월	11:00~13:00		
未	양	土	陰-	6월	13:00~15:00		
申	원숭이	金	陽+	7월	15:00~17:00	가을	서
酉	닭	金	陰-	8월	17:00~19:00		
戌	개	土	陽+	9월	19:00~21:00		

2) 오행 月별 왕쇠(旺衰)

인수월과 비겁월에 세력을 얻어서 旺하다.
木은 寅卯월 亥子월에 旺하고 다른 월에는 약하다.
火는 巳午월 寅卯월에 旺하고 다른 월은 약하다.
土는 辰未戌丑巳午월에 旺하고 다른 월은 약하다.
金은 申酉辰未戌丑월에 旺하고 다른 월은 약하다.
水는 亥子월 申酉월에 旺하고 다른 월은 약하다.

3) 한난조습(寒暖燥濕)

. 한(寒 찰 한): 천간에 水가 강하고 동절생의 사주
. 난(暖 따뜻할 난): 천간에 火가 강하고 하절생의 사주
. 조(燥 메마를 조): 지지에 寅巳午未戌등의 火氣가 많음
. 습(濕 축축할 습): 지지에 子丑辰申亥등의 수기가 많음

사주명식의 천간에 한난의 문제가 있거나 지지에 습조의 문제가 있으면 기온의 중화를 이루지 못하여 발복이 더디다.

寒(찰 한)   暖(따뜻할 난)   燥(마를 조)   濕(축축할 습)
回(돌 회)   還(돌아올 환)   進(나아갈 진) 冷(찰 냉)

3. 60갑자(六十甲子)

1) 60갑자 구성

> 천간: 甲 乙 丙 丁 戊 己 庚 辛 壬 癸
> 지지: 子 丑 寅 卯 辰 巳 午 未 申 酉 戌 亥

십천간(甲乙丙丁戊己庚辛壬癸)과 십이지지(子丑寅卯辰巳午未申酉戌亥)가 한글자씩 차례로 짝을 이룬다. 甲과 子가 짝을 이루어 甲子, 乙과 丑이 乙丑, 丙과 寅이 丙寅... 이런 방법으로 차례로 짝을 이루어 모두 한번씩 돌게 되면, 천간은 여섯 번 지지는 다섯 번을 돌고, 간지는 모두 60개가 된다.

이렇게 한번 돌면 60번에 걸쳐 한 갑자를 돌았으니 태어난 간지인 60살을 회갑(回甲), 환갑(還甲)이라 하고 61살은 갑자를 다시 시작하여 나가니 진갑(進甲)이라고 한다. (2023년부터 만나이 시행함)

< 육십갑자>

甲子	乙丑	丙寅	丁卯	戊辰	己巳	庚午	辛未	壬申	癸酉
甲戌	乙亥	丙子	丁丑	戊寅	己卯	庚辰	辛巳	壬午	癸未
甲申	乙酉	丙戌	丁亥	戊子	己丑	庚寅	辛卯	壬辰	癸巳
甲午	乙未	丙申	丁酉	戊戌	己亥	庚子	辛丑	壬寅	癸卯
甲辰	乙巳	丙午	丁未	戊申	己酉	庚戌	辛亥	壬子	癸丑
甲寅	乙卯	丙辰	丁巳	戊午	己未	庚申	辛酉	壬戌	癸亥

2) 띠 동물 색깔 알아보기

흔히들 올해는 60년 만에 돌아오는 황금돼지해이다,
60년 만에 돌아오는 백호의 해이다... 등의 말을 한다.

하지만 이것은 특별한 것이 아니고 당연한 것이다.
띠는 12년마다 한 번씩 오지만 갑자를 한바퀴 돌면
60번이 되기 때문이다.

띠는 지지로 말하는 것이고
색깔은 천간오행의 색깔이다.
천간이 木(甲乙)이면 청색, 火(丙丁)는 적색, 土(戊己)는
황금색, 金(庚辛)은 흰색, 水(壬癸)는 검정색이다.

*그렇다면 다음의 동물은?

甲辰은? 청룡
丁酉는? 붉은 닭
己亥는? 황금돼지
庚午는? 백말
壬子는? 검정 쥐

물론 실존하는 것은 아니지만 이런 식으로 풀이한다.
모두가 다 60년 만에 오는 모두가 소중한 해이다.

4장 지장간(支藏干)

   지장간이란 지지 속에 숨겨져 있는 천간의 기운이다.
하나의 천간에는 하나의 기운이 있지만, 지지는 하나의 지지
에 두세개의 기운이 있다. 이것을 지장간이라고 하는데 한
지지를 30일로 볼 때에 분포되는 날짜가 있다.

여기(餘氣) 중기(中氣) 정기(正氣,본기)로 구성되는데, 여기(餘
氣)는 전월의 기운이 아직 남아 있는 때, 중기는 성장기, 정
기(正氣)는 가장 왕성한 기운의 때이다.
지지의 음양은 지장간 정기(본기)의 음양을 따른다.

寅월의 경우를 보면
1일부터 30일까지 내내 木의 기운이 아니라
1일부터 7일까지는 전 월의 정기가 남아 있는 戊土로 여기
이고, 그 다음 7일간은 丙火가 중기를 이루고, 그 다음은
甲木이 본기로 16일을 이룬다.
본기인 甲木의 성분이 가장 강하다.

土는 전월의 본기가 음토(己)이더라도 본월의 여기는 양토
(戊)로 시작한다.

子午卯酉는 중기가 없이 여기와 정기로 구성된다.
그것은 계절의 중심이고 왕지로써 세력이 강하기 때문이다.
단, 午火는 중기가 있다.

〈지장간〉

월	여기	중기	정기(본기)	생왕고지	局
亥	戊(7일)	甲(7일)	壬(16일)	사생지	水局 北 겨울
子	壬(10일)		癸(20일)	사왕지	
丑	癸(9일)	辛(3일)	己(18일)	사고지	
寅	戊(7일)	丙(7일)	甲(16일)	사생지	木局 東 봄
卯	甲(10일)		乙(20일)	사왕지	
辰	乙(9일)	癸(3일)	戊(18일)	사고지	
巳	戊(7일)	庚(7일)	丙(16일)	사생지	火局 南 여름
午	丙(10일)	己(9일)	丁(11일)	사왕지	
未	丁(9일)	乙(3일)	己(18일)	사고지	
申	戊(7일)	壬(7일)	庚(16일)	사생지	金局 西 가을
酉	庚(10일)		辛(20일)	사왕지	
戌	辛(9일)	丁(3일)	戊(18일)	사고지	

亥: 戊甲壬　　子: 壬癸　　　丑: 癸辛己　　寅: 戊丙甲

卯: 甲乙　　　辰: 乙癸戊　　巳: 戊庚丙　　午: 丙己丁

未: 丁乙己　　申: 戊壬庚　　酉: 庚辛　　　戌: 辛丁戊

. 계절의 시작 사생지(寅申巳亥)는 7, 7, 16일-역마

. 계절의 왕지(子卯酉)는 10, 20일-도화

단, 午火는 10, 9, 11일

. 계절의 마무리 사고지(辰戌丑未)는 9, 3, 18일-화개

---

* 지장간의 활용도는 매우 높다. 천간 지지의 내용이나 행운의 해석시 등 응용이 많으므로 구구단처럼 반드시 암기해야 된다.

* 亥子와 巳午의 활용(巳亥=양 子午=음)

亥水는 원래 陰이지만 지장간 정기가 壬水陽干이므로 亥水陽으로, 子水는 원래 陽이지만 정기가 癸水陰干이기에 子水陰으로 사용한다.
巳火는 원래 陰干이지만 지장간 정기가 丙火陽干이라서 巳火陽으로, 午火는 원래 陽干이지만 정기가 丁火陰干이라서 丁火陰으로 사용한다.
(음양을 취용하고 보니 정관. 정재가 생겼다)

. 지지에 암장된 것은 바깥으로 드러나야 효력이 있다.
가령 寅중에 戊丙甲이 있는데 천간에 戊가 있으면 戊가 힘이 있는 것이고, 丙이 나타나 있으면 丙도 힘이 있고, 甲이 나타나 있으면 甲이 힘이 있는 것이다.
모두 표출되었을 경우는 월간이 가장 강하다.

. 지지에 암장되어 있는 것은 서로 합극할 수 없고 다만 합 충에 의해서만 가능하다.
가령, 卯와 辰을 보면 卯중의 甲木이 辰중에 있는 戊土를 극할 수 없다.
卯酉沖은 卯중의 甲木과 酉중의 庚金이 충하고,
卯중 乙木과 酉중 辛金이 충을 한다.

5장 사주팔자(四柱八字) 구성법

1. 사주팔자(四住八字) 기둥 세우기

1) 연주 정립법

태어난 해의 간지를 연주라고 한다. **연주를 세울 때의 기준은 1월 1일이 아닌 입춘(立春)이다.** 1,2월에 태어났어도 입춘 시간 이전이면 전 해의 간지를 사용한다. 1,2월에 태어났어도 입춘이 지났으면 새해의 간지를 사용한다.

2) 월주 정립법

연주를 세운 후, 태어난 해의 월주를 사용한다. 월지는 월령이라고도 하는데 사주 내에서 작용력이 가장 크다.

1일에 월주가 시작 되는게 아니고, **절기가 들어오면서 월주가 시작된다.** 날짜는 새로운 달이더라도 절기가 들어오지 않았으면 전 달의 월주를 사용한다.

연간(年干)을 통해서 1월 즉 인월(寅月)의 월간(月干)을 알수 있다. 연주 천간합에서 발생한 오행을 생하는 오행 중 양간이 寅月의 천간이 된다.
寅月부터 시작해서 卯月 辰月 巳月 午月 未月
申月 酉月 戌月 亥月 子月 丑月 순으로 간다.

3) 일주 정립법

子時부터는 출생한 날의 일진을 사용한다.

〈절입이 딱 걸리면?〉

. 대운수-역행이면 1, 순행이면 10이다.

. 대운-절기 시간 전이면 전 날의 대운을 사용하고,
   절기 시간 후이면 새 날로 적용한다.

. 월건- 절입 시간 전은 전 월건을 사용하고,
   절입 시간 후는 새 월건을 사용한다.

. **일진-子時부터 무조건 새 일진을 사용한다.**

根(뿌리 근)   苗(싹 묘)   花(꽃 화)   實(열매 실)

柱(기둥 주)   建(세울 건)   令(우두머리 령)

歲(세월 세)

절기도표(월주정립시)

\	절입	甲己年	乙庚年	丙辛年	丁壬年	戊癸年
1월 寅月	**입춘**	丙寅	戊寅	庚寅	壬寅	甲寅
2월 卯月	경칩	丁卯	己卯	辛卯	癸卯	乙卯
3월 辰月	청명	戊辰	庚辰	壬辰	甲辰	丙辰
4월 巳月	**입하**	己巳	辛巳	癸巳	乙巳	丁巳
5월 午月	망종	庚午	壬午	甲午	丙午	戊午
6월 未月	소서	辛未	癸未	乙未	丁未	己未
7월 申月	**입추**	壬申	甲申	丙申	戊申	庚申
8월 酉月	백로	癸酉	乙酉	丁酉	己酉	辛酉
9월 戌月	한로	甲戌	丙戌	戊戌	庚戌	壬戌
10월 亥月	**입동**	乙亥	丁亥	己亥	辛亥	癸亥
11월 子月	대설	丙子	戊子	庚子	壬子	甲子
12월 丑月	소한	丁丑	己丑	辛丑	癸丑	乙丑

유쾌한 사주

4) 시주 정립법

두 시간마다 육십갑자가 배속되는데 시지(時地)는 子時 丑時 寅時 卯時 辰時 巳時 午時 未時 申時 酉時 戌時 亥時로 고정이고, 시간(時干)은 출생 일진에 따라서 정해진다. 일간 천간합에서 발생한 오행을 극하는 오행 중 양간이 출생 당일 첫 子時의 천간이 된다.

甲己日-甲子時부터　　乙庚日-丙子時부터

丙辛日-戊子時부터　　丁壬日-庚子時부터

戊癸日-壬子時부터

<시간지 조견표>

生時	時	甲己日	乙庚日	丙辛日	丁壬日	戊癸日
23:30~01:30	子時	甲子	丙子	戊子	庚子	壬子
01:30~03:30	丑時	乙丑	丁丑	己丑	辛丑	癸丑
03:30~05:30	寅時	丙寅	戊寅	庚寅	壬寅	甲寅
05:30~07:30	卯時	丁卯	己卯	辛卯	癸卯	乙卯
07:30~09:30	辰時	戊辰	庚辰	壬辰	甲辰	丙辰
09:30~11:30	巳時	己巳	辛巳	癸巳	乙巳	丁巳
11:30~13:30	午時	庚午	壬午	甲午	丙午	戊午
13:30~15:30	未時	辛未	癸未	乙未	丁未	己未
15:30~17:30	申時	壬申	甲申	丙申	戊申	庚申
17:30~19:30	酉時	癸酉	乙酉	丁酉	己酉	辛酉
19:30~21:30	戌時	甲戌	丙戌	戊戌	庚戌	壬戌
21:30~23:30	亥時	乙亥	丁亥	己亥	辛亥	癸亥

5) 子時의 구분 사용법

子時의 사용법은 야자시(夜子時)와 조자시(朝子時)법, 정시(正時)법의 두 가지 이론이 있다.

(가) 야자시와 조자시법

子時는 당일 밤 11시 30분부터 익일 새벽 01시 30분까지로, 時는 子時 하나인데 일(日)은 2일이 되어 시간을 다르게 사용하는 예이다.
즉 음력 2000년 5월 1일 새벽 0시 00분에 태어난 사람의 일주가 辛卯라면 戊子時가 된다(조자시)

그러나 같은 날인 1일 밤 11시 30분에 태어난 사람은 똑같이 일주는 辛卯일이 되는데 밤 11시 30분부터는 다음날의 庚子時로 시주를 세운다(야자시)
같은 날 0시 30분에 태어난 사람은 辛卯日 戊子時를
밤 11시 30분에 태어난 사람은 辛卯日 庚子時로 사용하는 것을 야자시와 조자시법이라고 한다.

〈조자시 구성의 예〉   〈야자시 구성의 예〉
1일 00시 30분생   1일 23시 30분생

時	日	月	年
戊	辛	辛	庚
子	卯	巳	辰

時	日	月	年
庚	辛	辛	庚
子	卯	巳	辰

유쾌한 사주

(나) 정시법

당일 밤 11시 30분부터 익일 01:30까지는 하루가 시작되는
子時로서 하루에 자시가 두 번으로 나누어 질 수 없다는 이
론이다. 당일 밤 11시 30분 이후는 익일의 子時로 계산한다.

〈정시법 사주구성의 예〉

1일 00시 30분생					1일 23시 30분생			
時	日	月	年		時	日	月	年
戊	辛	辛	庚		庚	壬	辛	庚
子	卯	巳	辰		子	辰	巳	辰

학자마다 채택해서 사용하는 기준이 다른데
현재는 정시법을 많이 사용하는 추세이다.

夜(밤 야)   朝(아침 조)   時(때 시)

6) 운지법으로 시간 찾기

甲己日: 甲子時　　乙庚日: 丙子時　　丙辛日: 戊子時

丁壬日: 庚子時　　戊癸日: 壬子時

운지법으로 시간을 편리하게 찾을 수 있다.

(1) 왼손바닥에 12지지의 자리를 정한다. 고정이다.
　약지 子에서 시작하여 시계방향으로 순행한다.

(2) 출생일 별 子時에서 시작하여 출생 시까지 천간이
　　순행한다. (순행: 시계 방향, 역행: 반시계 방향)

가령, 己巳일 午時에 출생했으면
甲己일은 甲子時부터 시작해서 천간이 午까지 순행한다. 庚
午에서 멈춘다. 庚午時이다.

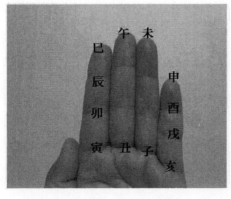

. 12지지는 고정.
. 자시는 불변
. 출생일별 子時에서 시작
　출생 시까지 가서 멈춤

<출생일별 子時>
甲己日: 甲子時
乙庚日: 丙子時
丙申日: 戊子時

丁壬日: 庚子時

戊癸日: 壬子時

〈절기를 기준으로 한 사주 구성의 예〉

. 새해 1월인데 입춘 절기가 지나지 않아서 전년의 간지와
월건을 사용한 예(음력 2000년 12월 9일 10시 30분)

時　日　月　年
癸　丙　戊　庚
巳　寅　子　辰

. 아직 새해가 되지 않았으나 새해의 연주와 월주로 사주가
구성된 예(음력 1990년 12월 22일 08시 40분)

時　日　月　年
庚　丁　己　庚
辰　丑　丑　午

. 출생월이 바뀌었으나 전월의 월건으로 사주가 구성되는 예
(음력 2000년 8월 7일 오전 10시)

時　日　月　年
辛　乙　甲　庚
巳　丑　申　辰

2. 대운(大運) 세우기

대운은 10년을 주기로 바뀐다.
남명과 여명의 대운(大運) 세우는 방법은 다르며
연간의 음양에 따라서 월주로부터 시작한다.

남명은 출생 년간(生年)이 양간에 해당하면(甲丙戊庚壬) 순행하고,
음간이면(乙丁己辛癸) 역행한다.
여명은 출생 년간(生年)이 양간이면(甲丙戊庚壬) 역행하고,
음간이면(乙丁己辛癸) 순행한다.

연간:　　　**양남. 음녀는 월주에서 순행한다.**
　　　　　　음남. 양녀는 월주에서 역행한다.

〈양남의 순행〉　　　　　〈음녀의 순행〉

時	日	月	年		時	日	月	年
丁	乙	戊	壬		己	丁	乙	癸
亥	未	申	辰		酉	酉	卯	亥

58 48 38 28 18 8(대운)　　　59 49 39 29 19 9(대운)

甲	癸	壬	辛	庚	己		辛	庚	己	戊	丁	丙
寅	丑	子	亥	戌	酉		酉	申	未	午	巳	辰

〈음남의 역행〉				〈양녀의 역행〉			
時	日	月	年	時	日	月	年
丙	丙	庚	辛	庚	壬	辛	丙
申	午	寅	未	子	子	卯	寅

51 41 31 21 11 1(대운)   51 41 31 21 11 1(대운)

甲	乙	丙	丁	戊	己		乙	丙	丁	戊	己	庚
申	酉	戌	亥	子	丑		酉	戌	亥	子	丑	寅

. 네 기둥 중에 **월지의 힘이 가장 강력하고 중요함으로**
대운은 월주를 기준으로 시작한다.

. **대운 다섯 번째 천간과 원국 월간이 합이고**
대운 여섯 번째 지지와 원국 월지와는 충이 된다.

. 대운 해석시는 천간보다 지지의 영향력을 더 살핀다.
. 한 대운의 간지의 생극을 살펴서 힘의 크기를 논한다.

유쾌한 사주

3. 대운의 입운수(入運數)

입운수는 대운이 바뀌어서 들어오는 나이를 말한다.
계산이 다소 복잡하여 만세력을 활용하면 편리하지만 계산
하는 방법은 알아두면 좋다.

. 행운(行運)하는 대운수의 계산법
양남.음녀는 미래절로, 음남.양녀는 과거절로 계산한다.
출생일 바로 다음 날짜부터 절입 날짜까지 총 일수를 세어
서 3으로 나누면 그 몫이 대운수가 되고, 나머지 수가 2가
되면 몫에 1을 더하고 1이면 버린다.

*양남.음녀의 미래절로 계산하는 예
〈예: 음력 1968년 3월 6일 辰時生 남자〉
戊申年생으로 양남이다. 미래절로 계산한다. 돌아오는 절기
청명은 음력 3월 8일이니 6일 다음날부터 세어가면 모두 2
일. 몫 없고 나머지 2이니까 올림하면 1이 된다.

```
時    日    月    年
丙    癸    乙    戊
辰    卯    卯    申
```

```
51 41 31 21 11  1(대운수)
辛  庚  己  戊  丁  丙(대운천간)
酉  申  未  午  巳  辰(대운지지)
```

*음남.양녀의 과거절로 계산하는 예

〈예: 음력 1968년 12월 13일 戌時生 여자〉

戊申年생으로 양녀이다. 양녀는 과거절로 거꾸로 센다.

소한절기 11월 17일까지 거꾸로 세어보면

12,11,10,9,8,7,6,5,4,3,2,1,11/29,28,27,26,25,24,23,22,21,20,19,18,

17일까지 25일이다. 3으로 나누면 몫이 8이고 나머지가 1이

다.

1은 버림으로 대운수는 8이다.

```
時    日    月    年
丙    乙    乙    戊
戌    巳    丑    申
```

58 48 38 28 18 8 (대운수)

己 庚 辛 壬 癸 甲 (대운천간)

未 申 酉 戌 亥 子 (대운지지)

〈사주의 시간을 정시가 아닌 30분 늦추어 쓰는 이유〉

동방에서는 1일을 12시로 나누어 사용해 왔다.
1910년 한일합병이 되면서 그 해 양력 4월 1일 0시부터 종래의 중국 표준시를 버리고 동경 135도의 일본 표준시를 사용하게 되었다. 일본은 동경 135도이고 우리나라 서울은 동경 127도이니 30분의 차이가 발생한다.

현재 우리나라는 동경 135도를 그대로 사용하는 상황이고, 실제 우리의 시간과 30분 정도의 차이가 있으므로 사주에서의 시주 계산은 30분을 늦추어서 사용한다.

〈출생 시를 모를 경우에 추정해 보기〉

. 한지지 앞의 시간을 살펴본다.
　출산을 마친 후가 아닌 출산 시작한 시간을 본다.

. 말년의 대운이 좋으면 좋은 시간으로 추정하고
　말년의 대운이 흉하면 안 좋은 시간대로 추정한다.

. 잠버릇으로 알아보는 방법도 있는데 잘 맞는지는
　　　　　　　　　　　　　　　　미지수이다.)
　寅申巳亥: 옆으로 누워서 잠든다.
　子午卯酉: 반듯하게 누워서 잠든다.
　辰戌丑未: 잠버릇이 험하고, 잠드는 시간이 길다.

　　　　　　　　　　　　　　　　　유쾌한 사주

● 썸머타임 기간

양력 기준. 일광절약을 위해서 1시간씩 앞당겨 썼으므로 1
시간씩 빼서 계산해야 한다.

11:40이면 午時이나 실제로는 10:40 巳時로 계산한다.

. 1948년 5월 31일 자정부터 1948년 9월 22일 자정까지
. 1949년 3월 31일 자정부터 동년 9월 10일 자정까지
. 1950년 4월 1일 자정부터 동년 9월 10일 자정까지
. 1951년 5월 6일 자정부터 동년 9월 9일 자정까지
. 1954년 3월 21일 자정부터 동년 5월 5일 자정까지
. 1955년 4월 6일 자정부터 동년 9월 22일 자정까지
. 1956년 5월 20일 자정부터 동년 9월 30일 자정까지
. 1957년 5월 5일 자정부터 동년 9월 22일 자정까지
. 1958년 5월 4일 자정부터 동년 9월 21일 자정까지
. 1959년 5월 4일 자정부터 동년 9월 20일 자정까지
. 1960년 5월 1일 자정부터 동년 9월 18일 자정까지
. 1987년 5월 10일 02시부터 동년 10월 11일 03시까지
. 1988년 5월 8일 02시부터 동년 10월 9일 03시까지

. 1954년 3월 21일 0시부터 1961년 8월 10일 0시까지는 한국
의 진정한 시간을 사용했으므로 30분을 늦추지 않고 오전
11:00부터 午時가 시작된다.

6장 육신(六神)

1. 육신의 개요

육신(六神)은 십성(十星)이나 육친(六親)이라고도 한다. 육신은 '나'인 일간을 기준으로 조상, 부모, 형제, 배우자, 자식 등 인간관계와 기질, 작용력 등을 포괄적으로 나타낸다. 기독교인 입장으로 보자면 이 육신들은 하느님께 받은 달란트요 재능과 능력들로 볼 수도 있겠다. 타고난 능력들을 땅 속에 묻어 썩히지 말고, 잘 개발하여 보석으로 가꾸어 가는 것이 의무이고 존재 이유라고 생각한다.

사주를 장악한 십성의 세력과 위치가 좋으면 좋은 성정이 나타나고, 적당함을 넘어 과하면 약한 십성을 공격하니 흉하다. 사주에 나타나 있지 않은 십성은 그 분야가 약할수 있지만 상대적으로 더 갈구하고 추구하는 현상도 있다.

2. 육신의 명칭과 표출법

육신은 일간을 기준으로 정하며, 열가지로 분류되고, 크게는 다섯가지로 볼 수 있다.
비겁(비견+겁재), 식상(식신+상관), 재성(편재+정재),
관성(편관+정관), 인성(정인+편인)

일간과 음양이 같으면 한편으로 치우쳤으니 치우칠 편[偏]자를, 음양이 다르면 조화가 맞으니 바를정[正]자를 사용한다.

<육신의 명칭 및 표출법>

명칭	표출법	예:甲	작용	육친
비견 (比肩)	일간과 같은 오행 일간과 같은 음양	甲 寅	건강 자존심 독립심 탈재	형제자매 친구 동료
겁재 (劫財)	일간과 같은 오행 일간과 다른 음양	乙 卯	건강 자존심 독단적 탈재	이복형제 친구 경쟁자
식신 (食神)	일간이 生하는 오행 일간과 같은 음양	丙 巳	일 활동력 연구 표현력	여: 자녀 남: 장모
상관 (傷官)	일간이 生하는 오행 일간과 다른 음양	丁 午	일 예술성 표현력 언변	
편재 (偏財)	일간이 剋하는 오행 일간과 같은 음양	戊 辰戌	재물 부정기적	부친 남: 처첩 여: 시모
정재 (正財)	일간이 剋하는 오행 일간과 다른 음양	己 丑未	재물 정기적	
편관 (偏官)	일간을 剋하는 오행 일간과 같은 음양	庚 申	일 직장 관재 명예 건강	여: 남편 남: 자녀
정관 (正官)	일간을 剋하는 오행 일간과 다른 음양	辛 酉	승진 관직 관재 명예 건강	
편인 (偏印)	일간을 生하는 오행 일간과 같은 음양	壬 亥	문서 공부 시험 명예 자격증 자연환경	계모 이모 유모 보모
정인 (正印)	일간을 生하는 오행 일간과 다른 음양	癸 子		모친(생모)

유쾌한 사주

인성=인수	정인=인수	편인=도식	편관=칠살

① 인성을 인수, 정인을 인수(印綬)라고도 한다.

② 정관을 가장 길신으로 보았는데 정관을 극하는 육신은 관을 상하게 한다는 뜻에서 상관(傷官)이라고 한다.

③ 육신 중에서 편관을 가장 흉하게 보았는데 일간을 극하므로 포악한 칠살이라고도 한다.

④ 포악한 칠살을 제압하는 식신을 좋게 평가한다.

⑤ 편인은 칠살을 극제하는 길신인 식신을 극하므로 밥그릇을 엎는다는 뜻으로 도식(倒食)이라고도 한다.

⑥ 상관은 정관을 극하는 나쁜 신으로 보는데, 정인은 그 상관을 극하는 좋은 작용을 하므로 인수(印綬)라는 좋은 별명을 얻었다.

⑦ 정재는 정관을 생조하는 좋은 신이다. 그런데 겁재가 정재를 극한다. 그래서 재물을 겁탈한다는 뜻의 겁재(劫財)라고 한다.

⑧ 비견은 일간과 음양과 오행이 같아서 어깨를 마주하고 화복을 같이하지만 때로는 경쟁자가 된다. 외로울 땐 형제나 친구가 의지가 되지만, 또다른 경쟁에서는 라이벌이 되기도 하는 것이다.

官(벼슬 관)   印(도장 인)

<천간 육신표>

	비견	겁재	식신	상관	편재	정재	편관	정관	편인	정인
甲	甲	乙	丙	丁	戊	己	庚	辛	壬	癸
乙	乙	甲	丁	丙	己	戊	辛	庚	癸	壬
丙	丙	丁	戊	己	庚	辛	壬	癸	甲	乙
丁	丁	丙	己	戊	辛	庚	癸	壬	乙	甲
戊	戊	己	庚	辛	壬	癸	甲	乙	丙	丁
己	己	戊	辛	庚	癸	壬	乙	甲	丁	丙
庚	庚	辛	壬	癸	甲	乙	丙	丁	戊	己
辛	辛	庚	癸	壬	乙	甲	丁	丙	己	戊
壬	壬	癸	甲	乙	丙	丁	戊	己	庚	辛
癸	癸	壬	乙	甲	丁	丙	己	戊	辛	庚

正(바를 정)　　偏(치우칠 편)　　比(견줄 비)　　肩(어깨 견)

劫(위협할 겁)　　食(밥 식)　　　傷(상처 상)　　財(재물 재)

<지지육신표>

	비견	겁재	식신	상관	편재	정재	편관	정관	편인	정인
甲	寅	卯	巳	午	辰戌	丑未	申	酉	亥	子
乙	卯	寅	午	巳	丑未	辰戌	酉	申	子	亥
丙	巳	午	辰戌	丑未	申	酉	亥	子	寅	卯
丁	午	巳	丑未	辰戌	酉	申	子	亥	卯	寅
戊	辰戌	丑未	申	酉	亥	子	寅	卯	巳	午
己	丑未	辰戌	酉	申	子	亥	卯	寅	午	巳
庚	申	酉	亥	子	寅	卯	巳	午	辰戌	丑未
辛	酉	申	子	亥	卯	寅	午	巳	丑未	辰戌
壬	亥	子	寅	卯	巳	午	辰戌	丑未	申	酉
癸	子	亥	卯	寅	午	巳	丑未	辰戌	酉	申

유쾌한 사주

〈일간이 목(木)일 경우 육친관계〉

木/ 비견: 형제 자매 경쟁자

비겁 겁재: 형제 자매 이복형제

水/인성　　　　　　　　　　　　火/식신 상관

정인: 모친　　　　　　　나　　　여자: 자식

편인: 계모 이모　　　　木　　　남자: 장모,장인

金/관성　　　　　　　　　　　土/재성

정관: 남-자식, 여-남편　　　　정재: 부친, 남-처, 여-시모

편관: 남-자식, 여-남자　　　　편재: 부친, 남-애인 여-시모

3. 육신의 기질 및 작용력

1) 비견(比肩)

일간과 오행이 같고, 일간과 음양이 같은 것
甲의 비견은 甲寅이고, 乙은 乙卯, 丙은 丙巳...

육친: 형제, 자매, 친구, 동창, 동료, 동업자, 경쟁자
독립성 주체성 건강 자신감 자존감 추진력 자아실현

〈성향 및 작용력〉

① 자발적, 자기중심적, 솔직담백하고 성취욕이 강하다.
② 자존심이 강하고 승부욕이 강해서 지기를 싫어한다.
③ 직장생활보다는 전문직, 자유업종이 적합하다.
④ 간섭을 싫어하고 명령, 충고, 권유받기를 싫어한다.
⑤ 비굴하지 않고, 행동적이지만 무모하지 않다.
⑥ 생활력이 강하고 시비와 투쟁을 서슴지 않는다.

⑦ 비견이 없으면 주체성, 자존심이 약하다.
⑧ 비견이 많으면 부모형제와의 인연이 약하다.
⑨ 재성이 왕하고 신약하면 비겁운에 발복한다.
⑩ 비견이 많으면 재산분쟁이 생긴다.(群比爭財)
⑪ 남명에 비겁이 태과하면 부인의 건강이 흉하다.
⑫ 여명에 비겁이 왕하고 관이 약하면 남편 덕이 없다.
⑬ 신약한 사주에 비견운이 오면 건강증진, 재물증식,
　　승진, 취직등 성공에 유리하다.

2) 겁재(劫財)

일간과 오행은 같고, 음양이 다른 것.
甲의 겁재는 乙卯, 乙은 甲寅, 丙은 丁午, 丁은 丙巳...

육친: 이복형제자매, 친구, 동업자, 동료, 경쟁자.
건강 독단적 배타적 자아실현 투쟁심 경쟁심 투기 탈재

〈성향 및 작용력〉
① 재물에 대한 욕심이 많고 손재나 사기를 잘 당한다.
② 주체성이 강하여 지는 것 싫어하고 타인을 무시한다.
③ 소속된 직장생활 보다는 자유직. 전문직이 좋다.
④ 한탕주의가 있어 도박. 도벽. 투기성이 있다.

⑤ 의협심. 과단성. 잔인성. 폭력성. 정의투쟁. 불의항쟁.
⑥ 길성이면 의학계, 기자, 사업가 등으로 성공한다.
⑦ 처를 극하는 속성으로 부부이별이 많다.
⑧ 당당하고 두려움이 없으며 법규를 중시하지 않는다.

⑨ 겁재가 없으면 승부근성이 약하다.
⑩ 겁재가 많으면 재물의 분쟁이 생긴다.
⑪ 재왕한 신약사주가 겁재운을 만나면 발복한다.
⑫ 신강하면 경쟁, 시비로 형액을 당하고 관재수가 많다.
⑬ 신약하면 겁재운에서 주변의 도움을 받으며
　친구덕, 형제덕, 건강, 재물, 승진 취직등에 유리하다.

3) 식신(食神)

일간이 生해주는 것, 음양이 같은 것
甲의 식신은 丙巳, 乙은 丁午, 丙은 戊辰戌...

부하 제자 후계자, 남명-장모 장인   여명-자녀 조카
일 활동력 연구 아이디어 창조력 표출력 언변 교육 기술

〈성향 및 작용력〉
① 식복이 좋고, 음식을 잘 하고, 신체 건강하다.
② 대인관계가 원만하며 생활력이 강하고 순수하다.
③ 순수하고 명랑하고 희생심이 많아 주변을 밝게 한다.
④ 총명하여 배우고 가르치는 창조력이 우수하다.
⑤ 사교성이 좋고, 실천적이며 활동적이고 적극적이다.
⑥ 이해심이 많고 다정하고 정서적 감응도가 높다.
⑦ 풍류를 즐기고 처세술이 좋고 예술성이 탁월하다.
⑧ 재를 생하므로 사업수완이 좋고 생산능력이 좋다
⑨ 과다하면 신체허약하고 경솔하고 오지랖이 있다.
⑩ 없으면 속말을 못하고 속앓이, 틱장애 있을 수 있다.
⑪ 여명에 식신의 환경이 조열하면 자식 두기가 어렵다.
⑫ 남명에 식신이 과다하고 관성이 없으면 자식두기 어렵다.
⑬ 신강사주에 식신이 旺하면 吉하고, 신약사주에 식신이
旺하면 건강이 약하다.
⑭ 여명 일지 식신이면 자식 낳고 부부사이가 멀어진다.
⑮ 일주가 강하고 식신강, 재성이 강하면 재물운이 좋다.
⑯ 신왕 사주에 식신이 편재를 보면 횡재한다.

4) 상관(傷官)

일간이 生해주는 것, 음양이 다른 것
甲의 상관은 丁午, 乙은 丙巳, 丙은 己丑未...

남명: 장모, 장인   여명: 자식. 조카
일 예술성 활동력 재치 아이디어 창조력 표현력 언변 기술

〈성향 및 작용력〉
① 총명하고 다재다능하고 임기응변에 능하다.
② 지적이고 논리적이고 비판과 혹평을 잘한다.
③ 호기심이 많고 사교성이 좋고 생산능력이 좋다.
④ 구속과 억압을 싫어하고, 자유분방, 반항심이 많다.
⑤ 자존심이 강하고 자만, 독단적 기질이 강하다.
⑥ 허영심과 사치, 낭비벽이 있고 타인과 화합이 약하다.
⑦ 새로운 것을 좋아하고 감정기복이 심하고 변덕스럽다.
⑧ 즉흥적이고 직업변화가 많고 연예계쪽에 적성이 높다.
⑨ 에너지 분출구이다. 활동력으로 재성을 생한다.
⑩ 천간의 상관은 무례하고 오만불손한 기질이 많다.
⑪ 행운이 상관이면 직장이나 하는 일에 변동수가 있다.
⑫ 태과하면 신체허약, 변덕이 심하고 오지랖이 있다.
⑬ 일간이 왕할 때는 상관으로 설기하면 무리가 없다.
⑭ 신강사주에 상관이 旺하면 吉하고 신약사주에 상관이
   旺하면 凶하다(건강, 능력, 활동력 일 막힘)
⑮ 상관이 많으면 소송 시비 관재수가 많이 발생한다.
⑯ 관을 손상시키고, 규칙과 규정을 어기고 배타적이다.

5) 편재(偏財)

일간이 剋하는 것, 일간과 음양이 같은 것
甲의 편재는 戊辰戌, 乙은 己丑未, 丙은 庚申...

남명: 부친, 애인, 여자   여명: 부친, 시어머니
금전 사업 일 탐재성 장악 통제 욕심 배타적 황금만능

〈성향 및 작용력〉
① 성취욕 강하고, 계산이 빠르고 돈을 잘 벌고 잘 쓴다.
② 통솔력, 사업수완, 처세술, 경영능력이 우수하다.
③ 기분파로서 낙천적이고 가무와 풍류를 즐긴다.
④ 즉흥적이고, 봉사료나 기부금을 잘 내고 부지런하다.
⑤ 현실적, 구체적, 배타적이며 결과물에 비중을 둔다.
⑥ 시상편재나 시지편재이면 거부의 명이다.
⑦ 통이 크고 배짱이 있어서 투기업종에 관심이 많다.
⑧ 화통하고 남자답고 마약, 게임, 노름에 빠지기 쉽다.
⑨ 인수용신의 신약사주에 재성이 오면 재물을 탐한
  결과 용신인 인성이 무너져 피해를 본다(貪財壞印)
⑩ 편재가 너무 많으면 오히려 경제관념이 떨어져서
  결과를 생각지 않고 돈을 마구 쓴다.
⑪ 남명의 일지에 재성이면 아내덕이 좋다.
⑫ 편재와 도화살이 같이 있으면 호색하는 사람이 많다.
⑬ 일주가 왕하고 식상왕, 재성이 왕하면 평생 재물운이
  풍족하다(食傷生財)
⑭ 운에서 편재와 합을 하면 횡재하는 일이 생긴다.

---

6) 정재(正財)

일간이 훼하는 것, 일간과 음양이 다른 것
甲의 정재는 己丑未, 乙은 戊辰戌, 丙은 辛酉...

남명: 부친, 처   여명: 부친, 시어머니
금전 사업 일 실리성 합법적 계승적 번식성 항구성

〈성향 및 작용력〉
① 고지식하고 안정적이며 고정적인 수입을 추구한다.
② 통솔력. 경영능력이 좋아서 재산증식을 잘한다.
③ 숫자개념이 강해서 경리 회계 기획등에 어울린다.
④ 정직하고 인품이 고귀하여 언쟁과 투쟁을 싫어한다.
⑤ 근검절약, 모험적이지 않고 위험한 투기를 싫어한다.
⑥ 정리정돈을 잘하며 꼼꼼하고 치밀하여 실수가 적다.
⑦ 여명에 재성 튼튼하면 남자를 키우는 재주가 있다.
⑧ 남명의 일지가 정재이면 처덕 있고 현모양처이다.
⑨ 편재보다 정재가 왕하면 아내를 끔찍이 사랑한다.
⑩ 재성이 진술축미에 있고 형충되지 않으면 부자이다.
⑪ 생명력이 넘치고 식욕과 성욕이 강하다.
⑫ 신약사주 재성이 태왕하면 건강이 흉하거나 단명한다.
⑬ 일주가 왕하고 식상왕, 재성이 왕하면 평생 부자이다.
⑭ 정재격은 일간이 신강해야 발복할 수 있다. 신약한
 사주는 행운에서 일간을 도와서 강해질 때에 발복한다.
⑮ 정재는 월주가 진(眞)이고, 편재는 시상이 진(眞)이다.
⑯ 재다신약 남자는 처에게 실권을 주게 된다.

7) 편관(偏官)

일간을 剋하는 오행, 음양이 같은 것.
甲의 편관은 庚申, 乙은 辛酉, 丙은 壬亥, 丁은 癸子...

남명: 아들, 딸   여명: 정부, 남편, 시숙
건강 직장 일 송사 관재수 결단력 행동력 강압적 통제

〈성향 및 작용력〉
① 권위적, 총명, 과격하고 대범하고 허풍이 있다.
② 목표지향적, 개척정신, 모험심이 강하고 의심이 많다.
③ 스스로 긴장하고 억압하며 난폭하게 자신을 통제한다.
④ 권모술수에 능하고 의지력이 강해 일의 결과를 본다.

⑤ 나서기를 좋아하고 고집이 세고 구설을 자처한다.
⑥ 희생적이고 봉사심이 있고 공익성을 중시한다.
⑦ 여명에 정편관이 혼잡되면 남자가 많다.
⑧ 남명의 시에 편관이고 희신이면 훌륭한 자식을 둔다.
⑨ 관성이 없으면 구속을 싫어하고 자유롭고 싶어한다.

⑩ 관성이 없으면 남의 입장이나 법질서에 무관심하다.
⑪ 상관의 제어가 있으면 편관으로 보고, 제어가 없으면 살(煞)로 본다. 왕하면 살(煞)로, 적당하면 편관으로 본다.
⑫ 편관이 용신이면 승진의 행운이 따른다.
⑬ 신약사주에 편관이 강하면 도둑근성이 있다.
⑭ 시상 일위편관격은 귀격이다.

---

8) 정관(正官)

일간을 剋하는 오행, 음양이 다른 것.
甲의 정관은 辛酉, 乙은 庚申, 丙은 癸子...

남명: 아들, 딸, 조카   여명: 남편, 남자
건강 관직 일 명예 승진 송사 관재수 규범성 합리적 억제

〈성향 및 작용력〉
① 정직하고 근면 성실하며 원리 원칙적이다.
② 품위와 절제를 지키고 시비를 공정하게 가린다.
③ 원칙, 충성, 공익, 규율, 명예, 공명심을 추구한다.
④ 자존심, 윤리 도덕성이 강하고 공중도덕을 잘 지킨다.
⑤ 관성이 너무 많으면 기가 죽고 위축된다.

⑥ 융통성이 부족하고 고지식하고 외부평판에 과민하다.
⑦ 취직, 승진, 표창운이 좋고 존경을 얻고 보수적이다.
⑧ 정관이 너무 많으면 자신감 없고 남의 눈치를 살핀다.
⑨ 학력과 명예를 중시하며 구속받기를 원한다.
⑩ 객관성, 이성적, 책임감이 강하고 상명하복을 잘한다.

⑪ 관성이 없으면 신용이 없고 염치가 없다.
⑫ 신강사주에 재관이 왕하면 부귀공명하게 된다.
⑬ 비겁이 많아 왕한 사주에 행운이 관성이면 길하다.
⑭ 남명에 정편관이 없거나 약하면 자식 두기가 어렵다.
⑮ 남명에 관성 약하고 상관이 왕하면 자식이 무능하다.

9) 정인(正印)

일간을 生해주는 오행, 음양이 다른 것.
甲의 정인은 癸子, 乙은 壬亥, 丙은 乙卯...

모친(생모),
나를 키워주는 것들. 도장 학문성 공부 문서 자격증

〈성향 및 작용력〉
① 생각이 많고 눈치가 빠르고 직관력과 예지력이 있다.
② 생각이 깊고 창의적, 고전적 학문의 탐구력이 높다.
③ 문필력이 좋고 학술가, 교육자로 성공이 높다.
④ 마음이 어질고 아량이 깊고 포용력이 넓다.
⑤ 자존심이 강하여 재물보다는 명예를 추구한다.

⑥ 정직하고 고지식하고 융통성이 부족하고 게으르다.
⑦ 명예가 따르며 사회적으로 인정을 받는다.
⑧ 인성이 충극을 당하면 시험낙방, 문서사고가 있다.
⑨ 인성이 없으면 교육이 잘 되지 않으며 눈치도 없다.
⑩ 신약사주는 인성운에서 문서와 인덕으로 발복한다.

⑪ 인성이 많은 신강일주는 재성이 인성을 극하면 좋다.
⑫ 식상 왕한 신약사주는 인성이 식상을 제압하면 좋다.
⑬ 일지 인수이면 부모와 살 수 있다(일지-중년, 시지-말년)
⑭ 인성용신의 신약일간이 재운을 만나면 재성으로 인해
인성이 무너진다.(貪財壞印: 재물과 학문 병립불가)

　　　　　　　　　　　　　　　　　유쾌한 사주

10) 편인(偏印)

일간을 生해주는 오행, 음양이 같은 것.
甲의 편인은 壬亥, 乙은 癸子, 丙은 甲寅, 丁은 乙卯…

계모, 이모, 유모, 보모. 부친의 애인. 나를 키워주는 것
순발력 융통성 공부 문서 면허증 권리증 자격증 계약서

〈성향 및 작용력〉
① 재치가 많고 순발력이 좋고 임기응변에 능하다.
② 눈치가 빠르고 기획력과 창조력이 우수하다.
③ 다재다능하여 주변과 잘 어울리고 화합을 잘한다.
④ 직관력이 높고 신앙에 관심이 많다.(辰戌丑未는 더욱)
⑤ 기획력은 좋으나 참견을 잘하고 마무리가 부족하다.

⑥ 다양한 직업을 잘 소화하고 사치와 허풍이 많다.
⑦ 편인이 태과하면 고독하고 외롭다.
⑧ 정신적 장애나 대인기피증이 있을 수 있다.
⑨ 신경이 예민하고 솔직하지 못하고 비밀이 많다.
⑩ 여명에 편인이 태과하면 남편덕이 적다.

⑪ 신약사주는 인성운에서 공부를 잘하고 시험운이 좋다.
⑫ 인성이 태과하면 정리정돈에 둔하다.
⑬ 인성이 태과하면 의심이 많고 부정적인 생각이 많다.
⑭ 편인이 없으면 의심증이 없어서 잘 속을 수 있다.
⑮ 편인이 왕하면 식신을 상하게 한다(偏印倒食)

---

4. 육신의 생극관계

육신간의 생극관계도 오행의 생극관계와 같은 이치다.
오행의 관계에 육신의 명칭을 연결지어서 활용한다.

1) 육신간 生하는 관계

. 비견 겁재는 식신 상관을 생한다.(비생식)
. 식신 상관은 재성을 생한다.(식생재)
. 재성은 관성을 생한다.(재생관)
. 관성은 인성을 생한다.(관생인)
. 인성은 비겁을 생한다.(인생비)

비겁	-	식상	-	재성	-	관성	-	인성	-	비겁
	生		生		生		生		生	

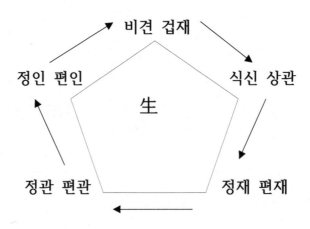

2) 육신간 훼하는 관계

. 비겁은 재성을 극한다.(비극재)
. 식상은 관성을 극한다.(식극관)
. 재성은 인성을 극한다.(재극인)
. 관성은 비겁을 극한다.(관극비)
. 인성은 식상을 극한다.(인극식)

```
비겁 - 재성 - 인성 - 식상 - 관성 - 비겁
    훼      훼      훼      훼      훼
```

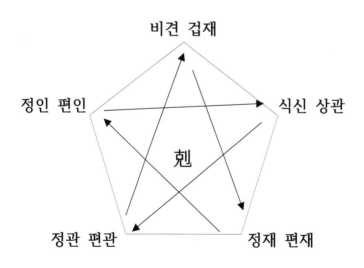

유쾌한 사주

* 십성의 다른 표현

비겁(비견.겁재): **同我者**(동아자)
　　　　　　　　나와 같은 오행

식상(식신.상관): **我生者**(아생자)
　　　　　　　　내가 생하는 오행

재성(편재.정재): **我剋者**(아극자)
　　　　　　　　내가 극하는 오행

관성(편관.정관): **剋我者**(극아자)
　　　　　　　　나를 극하는 오행

인성(편인.정인):**生我者**(생아자)
　　　　　　　　나를 생하는 오행

7장 합충론(合沖論)

천간은 천간끼리, 지지는 지지끼리 합과 충을 한다.
천간의 합충은 간단하지만 지지는 다소 복잡하다.
合은 서로 다른 음양이 끌어 당겨서 화합하고 결속해서 강
한 세력을 만들고, **沖은 같은 음양의 水火와 金木이** 서로 충
돌하여 불화하고 파괴, 분리, 발전, 재정비하는 작용을 한다.

**合을 하면 본래의 작용이 묶여서 정지되거나, 다른 오행으로
변하여 고유의 작용을 상실한다.**
희신을 합하면 吉한 작용을 상실하고, 기신을 합하면 凶한
작용을 상실한다.

희용신이나 기구신이 合을 해서
일간에 희신이 되면 吉하고, 기신이 되면 凶하다.

가령 火용신에 癸水가 기신인데 戊土와 합을 하여 火로 변
하면 吉하다. 甲木이 희신일 경우에 己土를 만나 합이 되어
묶이거나 土로 화해서 제거되면 凶하다.

역마의 충(寅申. 巳亥)은 빠르게 진행되고, **도화의 충(子午.
卯酉)은** 충돌이 강하고, **화개의 충(辰戌. 丑未)은** 친구간의
충인 붕충(朋沖)으로 피해가 그리 크진 않다.
合이 있는 사주는 친화력이 있고 사교성이 좋다.
沖이 있는 사주는 투쟁성과 공격성. 논리성이 강하다.

유쾌한 사주

1. 천간합(天干合)

천간합은 간합(干合), 오합(五合), 명합(明合)이라고도 한다. 서로 유정하고, 묶이고, 구속하고, 결합한다.
천간합은 음(陰)양(陽)이 정재와 정관으로 만나서 새로운 오행을 낳으니 남녀가 만나서 아이를 낳는 것과 같아 부부합이라고도 한다.

신강한 일간이 **재성을 합하면** 재물이 가까이에 있고 재물에 관한 개념이 있고, 부친과의 관계력이 밀접하고 남명은 부인과 관계가 좋고 여명은 시모와 관계가 좋다. 하지만 신약하면 위의 사항들로 어려움을 겪는다. 행운에서 인수나 비겁운에 일간이 신강해지면 취할 수 있다.

신강한 일간이 **관성을 합하면** 예의 바르고 준법정신이 강하고 타인의 존경을 받는다. 건강하며 명예와 직장운이 좋아 승진이 잘되고 관직과 소송운이 좋다.
남명은 자식과의 관계가 좋고 여명은 남편과의 관계가 좋다. 하지만 신약한 일간은 위의 사항들로 어려움을 겪는다. 행운에서 인수나 비겁운이 와서 일간이 신강해지면 취할 수 있고 좋아진다.

천간에서 合을 하면 일단 고유의 역할은 정지되고, 合의 지지가 化하는 세력이 아니면 묶여만 있고(합이불화 合而不化), 合의 지지가 化하는 세력이면 천간지지가 모두 같은 세력으로 변한다.

유쾌한 사주

일간과 합이 발생할 경우에
일간은 합을 해도 변하지 않고,
타육신이 일간에 합을 하는 것으로 본다.
합을 하는 순서는 연월일시 순으로 한다.

친구나 대인관계의 궁합을 볼 때에도 일간합을 참고한다.
일간끼리 슴이면 서로 끌어당기게 되어 친밀하고 마음이 잘
맞는다. 반면 결단성이 부족하여 우유부단할 수 있다.
또한 헤어지기가 어렵다.
서로에게 소유욕과 집착성, 본능적인 일치감에 익숙해서 질
투심과 분리불안감에 상처가 많고 마무리가 다소 약하여 이
별시 어려움이 있다.

1) 천간합의 종류(五合)

甲己合 乙庚合 丙辛合 丁壬合 戊癸合

甲己合化=土 중정지합(中正之合) 바르고 넓다.
乙庚合化=金 인의지합(仁義之合) 세력강화
丙辛合化=水 위엄지합(威嚴之合) 새로운 창출
丁壬合化=木 인수지합(仁壽之合) 방향전환
戊癸合化=火 무정지합(無精之合) 이동변동

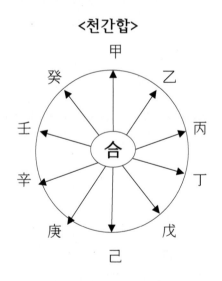

<천간합>

서로 마주하고 다정하게 바라보니 짝이요, 합이다.
甲己合 乙庚合 丙辛合 丁壬合 戊癸合

(1) 甲己合=土 중정지합(中正之合) 바르고 넓다.
나무뿌리와 흙의 결합이다.
양목인 甲이 음토인 己를 만나 土를 낳았다.
甲에게 己는 정재이고 己에게 甲은 정관이다.

甲은 성품이 어질고 후덕하다.
己는 안정되고 포용력이 있어 만물을 생장시키는 덕이 있으
니 甲己合을 중정지합이라고 한다.
甲은 木이지만 土가 없으면 뿌리를 내릴 수 없고
뿌리와 흙은 서로 얽혀서 분리가 어렵다.
甲己合의 지지가 辰戌丑未午에 化할 수 있다.

(2) 乙庚合=金 인의지합(仁義之合) 세력강화
의리 있고 용감한 庚이 가냘픈 수선화 乙에게 반해서
金이라는 자식을 낳아서 金의 세력이 더 강해졌다.
庚에게 乙은 정재이고 乙에게 庚은 정관이다.

乙은 성품이 부드럽고 여린데 庚은 강건하기가 최고이니 강
하고 부드러움이 조화를 이루어 인의지합이 되었다.
인정이 많고 인자하고 용감하고 강직하다.
乙庚合의 두 지지가 巳酉丑申이어야 化할 수 있다.

(3) 丙辛合=水 위엄지합(威嚴之合) 새로운 창출

황제와 미녀의 합이다.

곱게 세공된 보석 辛은 자신을 더 빛나게 해 줄 丙을 만나 사랑에 빠지더니 水라는 자식을 낳았다.

水는 병신과는 무관한 오행이니 새로운 창출을 한다.

丙에게 辛은 정재이고 辛에게 丙은 정관이다.

丙이 辛을 더욱 곱게 가공하고 水로 씻겨주며 관리를 해주니 위엄이 있다. 위엄지합(威嚴之合)이다.

위엄이 있으나 냉정하고 색을 밝힌다.

丙辛합의 두 지지가 申子辰亥이어야 化할 수 있다.

(4) 丁壬合=木 인수지합(仁壽之合) 방향전환

감성이 풍부하고 음란끼가 있다.

마음 속을 알 수 없는 차가운 壬이 따스하고 가냘픈 丁을 사랑하여 木이라는 자식을 얻었다.

壬에게 丁은 정재이고 丁에게 壬은 정관이다.

壬은 차갑고 뒷마무리가 약한데 丁이 따뜻하고 끈질김으로 보완하여 새로운 木을 만든다. 壬은 水生木이 맞지만 丁은 火生土로 가지 않고 역으로 木으로 돌아가니 방향이 맞지 않다. 전혀 다른 방향으로의 전환이다.

丁壬합의 두 지지가 亥卯未寅이어야 化할 수 있다.

(5) 戊癸合=火 무정지합(無精之合) 이동변동
무뚝뚝한 戊가 여린 이슬비 癸를 보고 사랑에 빠지더니 火
라는 자식을 낳았다.
癸와는 무관한 火를 낳았으니 이동, 변동수이다.
戊에게 癸는 정재이고 癸에게 戊는 정관이다.

火를 머금은 메마른 戊가 촉촉하게 적셔주는 여린 이슬비를
만나서 생기를 얻으니 나이 많은 남자가 어린 여자와 합한
것과 같아 癸에게는 억지춘향격의 무정지합이다.
외모는 수려하지만 마음은 냉정하다.
戊는 양토인 늙은 남자, 癸는 음수인 젊은 여자와의 합.
戊癸合의 두 지지가 寅午戌巳이어야 化할 수 있다.

합이 있으면 친화력, 사교성 등이 있고
합을 하는 육신간에 묶이거나 작용을 한다.

〈천간합의 예〉

時	日	月	年
甲	戊	辛	丙
寅	戌	巳	寅

戊일간이 巳월에 태어나 신강하다. 월간의 辛金으로 설기하
면 좋으나 辛金이 연간과 丙辛合을 하면서 묶이니
辛金은 상관의 역할을 제대로 하지 못한다.

< 천간합의 예>

時	日	月	年
癸	甲	辛	丙
酉	寅	未	寅

월간의 辛金과 연간의 丙火가 합을 하는데
지지가 水의 기운이 되지 않음으로
丙辛合은 水로 化하지 못하고 묶인채 작용을 못한다.
행운에서 丙火나 辛金이 와서 합을 하면 풀리고
乙木이나 壬水가 와서 충을 해도 합이 풀린다.

<천간합의 예>

時	日	月	年
壬	甲	己	辛
申	子	卯	巳

일간의 甲木과 월간의 己土가 합을 하는데
지지의 子卯가 토의 기운이 되지 않으니 化하지 못한다.
행운에서 甲木이나 己土가 와서 합을 하거나
庚金이 와서 충을 하면 합이 풀린다.

유쾌한 사주

2) 쟁합(爭合)과 투합(妬合)

> **쟁합: 양간+음간+양간의 합**
> **투합: 음간+양간+음간의 합**

합을 하는데 양간 하나에 음간이 양쪽에 있으면
짝이 맞지 않아서 분쟁이 일어난다.
한 남자가 두 여자를 거느리기 어렵고, 한 여자가 두 남자를
관리하기도 어렵다.

쟁합의 경우를 보면, 가령 여명의 己土가 양쪽에 甲木과
합을 하면 여자는 1명인데 남자는 많으니, 남자들이 여자를
차지하려고 서로 싸우고 분쟁하게 된다.

투합의 경우는, 가령 남명의 庚金이 양쪽에 乙木과 합을
하면 남자는 1명인데 여자는 많으니, 여자들이 남자를 차지
하려고 서로 싸우고 투쟁하게 된다.

쟁합이나 투합이 있는 경우는 정이 한 곳에 집중되지 않
고 분산되고 흩어지니 심리가 불안하다.
또한 우유부단하여 결정을 못 내려서 이성이 끊이지 않고,
천간합과 지지합이 많으면 이것도 좋고 저것도 좋아 마음을
잘 허락하여 정이 많고 다정다감하여 정조관념이 약하다고
본다.

유쾌한 사주

〈쟁합의 예/여명〉

時	日	月	年
庚	**乙**	**庚**	**壬**
辰	卯	辰	午

乙木 陰일간이 양쪽의 庚金 陽간과 합을 하니 쟁합이다.
한 여자와 양쪽 남자와의 싸움이니 이성문제로 복잡하다.
한곳에 정을 모으기가 어렵다. 하지만 직업적으로는 인정 받
을 수 있다. 행운에서 乙운이 오면 월간의 庚을 합하니 편안
해지고 진정이 된다.

〈투합의 예/남명〉

時	日	月	年
辛	**丙**	**辛**	**癸**
卯	戌	巳	酉

丙火 陽일간이 양쪽의 辛金과 합을 하니 투합이다.
한 남자가 양쪽 여자와의 싸움이니 이성문제로 복잡하다. 또
한 재물이 늘 끊이지 않는다.
행운에서 丙운이 오면 월간의 辛을 합하니 마음 편히
시간과 丙辛合을 하며 진정이 된다.

두 개의 천간이 하나의 천간과 합하려고 할 때에
간격을 두고 있으면 쟁합이나 투합이 되지 않는다.

時	日	月	年
乙	癸	乙	庚
卯	未	酉	申

천간에 두 개의 乙木과 하나의 庚金인데 시상의 乙木은 일
간을 사이에 두고 떨어져 있으므로 연월의 乙庚이 합을 함
에 쟁투가 없다.

時	日	月	年
甲	己	庚	**甲**
子	酉	午	午

천간에 두 개의 甲木과 하나의 己土인데
일간과 시간은 가까이에 있으므로 합을 하고
연간의 甲木은 월간을 건너서 떨어져 있으므로
甲己합을 하는데 문제가 없다.

3) 천간합의 해소

원국의 합은 그 작용이 평생 가는데 **행운에서 충하거나
합하면 그 기간 동안은 합이 해소된다.**

〈합의 해소〉

時	日	月	年
己	甲	乙	壬
巳	辰	卯	午

55 45 35 25 15 5(대운)

辛	庚	己	戊	丁	丙
酉	申	未	午	巳	辰

일간 甲木과 시간 己土가 합을 하는 중
45대운의 庚金이 들어와 甲庚沖을 하니 甲己合이 해소된다.

〈합의 해소〉

時	日	月	年
己	庚	乙	戊
巳	辰	卯	午

55 45 35 25 15 5(대운)

己	庚	辛	壬	癸	甲
酉	戌	亥	子	丑	寅

일간 庚金과 월간 乙木이 合으로 묶인다.
35대운의 辛金이 와서 乙辛沖을 하니 乙庚合이 풀린다.

유쾌한 사주

● 질문이요~

　. 상대방과 일간이 슴을 이루면 좋을까요?
　. 일간이 슴인 사람과 사업을 하면 좋을까요?
　. 일간이 슴인 사람과 결혼하면 좋을까요?

〈답변이요~〉

　일간합이면
일단은 서로 친밀감이 형성이 되고 마음이 잘 맞으니
신뢰하고 의지하게 되니까 좋다고 본다.

하지만 행운은 각자 다르게 들어오는 것이라서
서로의 행운을 살펴보는 것이 중요하다.
행운이 어떻게 들어와서 영향력을 주느냐에 따라서
각자의 상황과 입장이 달라질 수 있으므로

무조건 믿기보다는
신뢰의 바탕에서 서로의 대운 세운을 확인하면서
주의와 소통을 해 나가는 것이 현명하다고 하겠다.

2. 천간충(天干沖)

1) 천간충의 구성

甲庚沖	乙辛沖	丙壬沖	丁癸沖

〈상충하는 관계〉

甲	◄———►	庚
乙	◄———►	辛
丙	◄———►	壬
丁	◄———►	癸
戊		戊己는 충하
己		지 않는다.

木金, 火水의 剋의 관계로 충을 한다.
木金: 甲庚沖　乙辛沖　　　火水: 丙壬沖　丁癸沖

일곱 번째의 글자와 충을 함으로 칠충이라고도 한다.

유쾌한 사주

천간충은 **편관과 편재**의 짜임이다.

. 甲庚沖을 보면 甲木에게 庚金은 편관이고, 庚金에게
  甲木은 편재이다.
. 乙辛沖-乙木에게 辛金은 편관, 辛金에게 乙木은 편재
. 丙壬沖-丙火에게 壬水는 편관, 壬水에게 丙火는 편재
. 丁癸沖-丁火에게 癸水는 편관, 癸水에게 丁火는 편재

 2) 천간충의 작용력

 밀어내고 충돌하고 분열, 파괴, 재정비, 발전한다.
또한 강한 세력을 유연하게 해주는 역할도 한다.
필요한 오행을 沖하면 凶하지만, 불필요한 오행을 沖하면 오
히려 吉한 작용을 하게 된다. 해당 십성간에 작용한다.

 일간 대 관성 沖일 경우에
신강한 사주는 건강 직장 명예 승진 소송, 남명은 자식, 여
명은 남자 남편운이 吉하지만, 신약 사주는 위의 사항들로
힘들다. 행운의 인수나 비겁운에서 일간이 강해지면 그 기간
은 취하고 누릴수 있다.

 일간 대 재성 沖일 경우에
신강한 사주는 재물운, 사업운, 부친덕, 남명은 부인과 여자,
여명은 시어머니와의 관계가 좋지만 약한 사주는 위의 사항
들로 인하여 힘들다. 행운의 인수나 비겁운에서 일간이 강해
지면 힘을 얻어서 좋아진다.

3) 沖 받는 정도

충하는 천간이 지지에 뿌리가 튼튼하면 피해가 적고,
지지에 뿌리가 약하면 충의 피해가 크다. 불필요하거나
병이 되는 글자를 행운에서 충하면 사주가 좋아진다.

〈일간이 재성보다 약한 경우〉

時	日	月	年
壬	辛	乙	壬
辰	卯	亥	申

乙辛이 沖하는 중
乙木 재성은 뿌리가 있어 튼튼한데 일간은 힘이 약하니
재성 때문에 힘들다.
남명이면 부인에게, 여명이면 시어머님 때문에 힘들다.

〈일간이 관성보다 강한 경우〉

時	日	月	年
丙	甲	庚	乙
寅	子	辰	丑

甲庚이 沖하는 중 일간 甲木은 지지에 뿌리가 튼튼하다.
편관 庚金은 아주 약하진 않다.
일간이 편관과 충을 하지만 능히 살 만하다.

4) 천간충의 해소

甲庚沖, 乙辛沖의 통관은 水(壬癸)
丙壬沖, 丁癸沖의 통관은 木(甲乙)

원국의 충은 평생 그 기운이 작용하지만, 행운에서 충하고
있는 천간을 **合하거나 통관시키면** 충이 해소된다.

〈合하는 예〉

時	日	月	年		대운
丁	**甲**	**庚**	癸		己
卯	子	戌	未		丑

월간 일간이 甲庚 沖을 하는 중 대운에서 己土가 오니
甲己合을 하며 충이 해소된다. 沖보다는 合을 우선한다.

〈통관의 예〉

時	日	月	年		대운
丙	**壬**	戊	甲		乙
午	申	子	戌		卯

일간 시간이 丙壬 沖을 하는 중
대운에서 乙木이 들어오니 싸움을 멈추고
壬水가 水生木 木生火 하며 화해하게 된다.

유쾌한 사주

3. 지지합(地支合)(육합, 방위합, 삼합)

지지합의 종류에는 육합, 방위합, 삼합이 있다.
지지는 합충의 작용이 다양하다. 한번 합을 하면 영존하기도
하고 충을 당하여 흔들리기도 한다. 합을 하는 조건을 잘 살
펴야 한다. 조건에 따라 작용이 다를 수 있다.

1) 육합

(1) 육합의 종류

子丑合化=土(水)(극합)	寅亥合化=木(생합)
卯戌合化=火(극합)	辰酉合化=金(생합)
巳申合化=水(극합)	午未合化=火(생합)

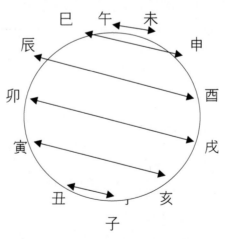

생합은 상생이 잘되고, 육합은 두 지지가 나란히 붙어 있어야 된다.

(2) 육합의 역할

두 개의 지지가 화합해서 강한 세력을 이루며 새로운 오행으로 변한다. **본래 오행의 작용력은 없어지고 새로 탄생한 오행이 강하게 작용을 한다.**

가령, 水가 필요한 癸水일주 사주명식에서
寅木과 亥水가 나란히 있으면 寅亥合을 하며 水의 역할은 없고 강한 木의 역할을 하게 된다.
癸水의 입장에서 水가 필요한데 亥水는 무늬뿐이고 실제적으로는 강한 木의 역할을 하게 된다.

木이 필요한 사주 명식에서 지지에 寅午戌亥가 있을 경우에 寅은 木으로의 사명을 감당하지 않고 寅午戌 화국으로 변해서 강한 火로 작용을 한다.
火가 사주에 필요하다면 좋은 역할을 하겠지만 필요치 않다면 화근이 된다.

子丑合은 한번 더 살펴야 된다.
주변 상황이 土기운이면 土로 化하지만
亥子丑으로 가거나 축축한 구성이면 水로 본다.

합을 하는 방향은
. 삶의 흐름이 연주에서 시작하여 월-일-시로 진행한다.
. 행운에서 오는 합은 사건의 발단이 외부로부터 온다.

　　　　　　　　　　　　유쾌한 사주

〈지지합〉

時	日	月	年
丙	癸	己	乙
辰	酉	卯	丑

癸水 일주가 卯月에 태어나 신약하다.
일지와 시지가 酉辰合을 하여 금국의 기운을 크게 해주니
일간이 金生水로 힘을 받는다.

〈지지합〉

時	日	月	年
丙	癸	庚	丁
辰	**亥**	**寅**	巳

癸亥 일주에 水가 필요한데
일지 亥水가 월지 寅木과 합을 하여 水의 역할을 못하니 일
간은 힘들다.

〈지지합〉

時	日	月	年
庚	乙	乙	癸
辰	酉	卯	卯

乙木 일간이 卯월에 태어나 신강하다.
일지와 시지가 酉辰合을 하여 金이 되니 강한 木을 다스릴
수 있어서 좋다.

(3) 육합의 해소

원국에 합이 있으면 평생 그 기운을 가지고 있지만
합하고 있는 지지를 **행운에서 合沖하면 해소된다.**

〈육합의 해소〉

時	日	月	年	행운
戊	丁	甲	辛	辛
申	卯	**寅**	**亥**	**巳**

丁卯일주의 연지와 월지가 寅亥合을 하던 중
행운에서 巳火가 들어와 연지와 巳亥沖을 하니
寅亥合이 해소된다.

〈육합의 해소〉

時	日	月	年	행운
丙	庚	丁	壬	乙
辰	子	**卯**	**戌**	**卯**

庚子일주의 연지와 월지가 卯戌合을 하던 중
행운에서 卯木이 들어와 연지와 卯戌合을 하니
원국의 卯戌合이 해소된다.

유쾌한 사주

2) 지지방위합

水局	亥	子	丑	**북방**
木局	寅	卯	辰	**동방**
火局	巳	午	未	**남방**
金局	申	酉	戌	**서방**

亥子丑-北方-水局-겨울   寅卯辰-東方-木局-봄
巳午未-南方-火局-여름   申酉戌-西方-金局-가을

방합	水局: 亥子丑-겨울-북방
	木局: 寅卯辰-봄-동방
	火局: 巳午未-여름-남방
	金局: 申酉戌-가을-서방

방위합은 춘하추동의 계절을 중심으로 합을 하니 동족간의 결속이며 그 세력이 매우 강하다.

세 글자가 모두 있어야 온전한 방위합국이고, 두 글자만 있을 경우는 반합국이라고 하는데 이럴 때는 세력은 약하고, **반드시 왕지(子午卯酉)는 포함이 되어야 한다.**

반합국은 亥子, 子丑, 寅卯, 卯辰, 巳午, 午未, 申酉, 酉戌이고, 亥丑, 寅辰, 巳未, 申戌은 왕지가 빠진 공합으로써 합을 하고자 하는 마음만 간절하다. 행운에서 왕지가 오면 완전한 방위합을 이룬다.

세 개의 지지가 화합해서 강한 세력을 이루며 새로운 오행으로 변하는데, 본래 오행의 작용력은 현저히 약해지거나 없어지고 새로 탄생한 오행을 따른다.

방합이 있는 사주는 기본적으로 그에 대한 기운이 많고 능력이 잠재되어 있는 것이므로 잘 개발하면 크게 성공이 가능하다. 가족과 친족관계에서 영향을 많이 받을 수 있다. 단, 오행이 치우쳐 있으므로 오행의 강약을 잘 살펴야 한다.

유쾌한 사주

〈지지방합〉

時	日	月	年
乙	甲	甲	乙
丑	申	子	亥

甲木 일간이 子월에 태어나 신강하다.
지지에 亥子丑 삼합으로 인성이 태강하다.
학자로 크게 성공하였다.

〈지지방합〉

時	日	月	年
甲	己	丙	辛
戌	酉	申	巳

己土 일간이 申월에 태어나 신약하다.
지지의 申酉戌 금국이 식상으로 방합을 이루었다.

〈지지방합〉

時	日	月	年
癸	庚	丁	戊
未	午	巳	寅

庚金 일간이 巳월에 태어나 신약하다.
지지의 巳午未 화국이 관성으로 방합을 이루었다.

유쾌한 사주

3) 지지삼합

局	사생지(역마)	사왕지(도화)	사고(묘,화개)
木局	亥	卯	未
火局	寅	午	戌
金局	巳	酉	丑
水局	申	子	辰

亥卯未-木局　　寅午戌-火局
巳酉丑-金局　　申子辰-水局

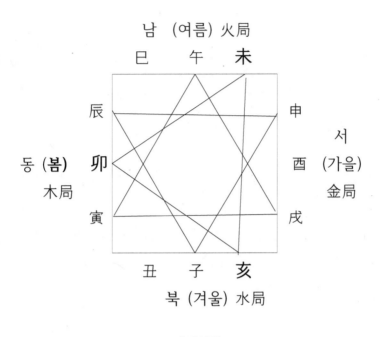

남 (여름) 火局

巳　午　未

辰

卯

寅

동 **(봄)**

木局

申

서

酉 (가을)

金局

戌

丑　子　亥

북 (겨울) 水局

지지삼합

지지의 세 글자가 모여서 연합국을 이루어 강력한 새로운
오행으로 변한다. 필요에 의해 모인 합으로 사회적 이해집단
의 성격이다.
合은 沖刑을 꺼리는데, 가령 亥卯未 局에 巳酉丑이 섞여 있
으면서 또한 沖이 되는 자와 붙어 있으면 파국이 된다.

　삼합은 세 글자가 모두 있어야 되며, 두 글자만 있을 경우
는 반합국이라 하여 세력이 약한 것으로 보고, 그럴 경우 왕
지(子午卯酉)는 반드시 포함이 되어야 한다.

반합은 亥卯, 卯未, 寅午, 午戌, 巳酉, 酉丑, 申子, 子辰이며 세력이 약하고, 亥未, 寅戌, 巳丑, 申辰은 왕지가 없는 공합이니 합을 하고자 하는 마음 뿐이다.
공합은 행운에서 왕지를 만나면 삼합을 이루게 된다.

3합의 첫글자는 長生으로, 해당 기운을 낳는 시작이고 전 계절의 첫글자인 역마이며, 이는 지금의 계절이 바로 생성된 것이 아니라 전 계절부터 준비되어 온 것이다.
가운데 왕지는 현재 계절의 왕지이고, 끝글자 庫는 완성하여 거두어 들이는 창고역할로 다음 계절의 끝글자인 화개로 구성된다. 이것도 마찬가지로 지금의 계절이 바로 끝 나는 것이 아니라 다음 계절의 끝까지 가서야 완전히 사라지는 것으로 본다.

가령, 목국의 亥卯未(봄)의 구성을 보면
亥는 봄의 전 계절인 해자축(겨울)의 첫글자인 역마 亥이고, 왕지는 현재 봄의 왕지인 卯이고, 未土는 木의 庫(墓)인 다음 계절 巳午未의 未로 구성된다.

寅午戌(여름)의 구성을 보면
寅은 여름의 전 계절인 寅卯辰(봄)의 첫글자인 寅이고, 왕지는 현재 여름의 왕지인 午이고, 戌土는 여름의 다음 계절인 申酉戌의 묘지庫(墓)로 구성된다.

辰戌丑未는 四庫로 3개 이상 모이면 土氣가 극히 왕성해지므로 土局과 같다.

유쾌한 사주

〈지지삼합〉

時	日	月	年
辛	丁	丁	癸
丑	卯	亥	未

丁火일간이 亥월에 태어나 월령을 얻지 못해 신약한 중,
지지의 亥卯未 木局이 인성을 이루어 신강해졌고,
丑土 상관이 강하게 설기한다.

〈지지삼합〉

時	日	月	年
丙	庚	甲	壬
子	午	辰	申

庚午 일간이 辰월에 태어나 신약하다.
지지에 申子辰 水局의 식상이 발달하여 설기가 잘 되니
변론에 능한 변호사이다.

暗(어두울 암)　　　貪(탐할 탐)　　　忘(잊을 망)

4) 암합(暗合)

> 남명: **甲午　丙戌　戊子　戊辰　庚辰　壬午 壬戌**
> 여명: **乙巳　乙酉 丁亥　己亥　辛巳　癸巳 癸亥**

　　암합은 은밀하게 몰래 하는 일, 적절치 못한 일 등의 뜻이 있다. 지장간은 숨어있는 기운으로 은밀함이고, 속궁합이 좋다.　위의 일주는 진한 애정을 경험할 수 있고 배우자는 본능적으로 의처증이나 의부증이 있을 수 있다.

〈정재와 합을 할 경우〉

① 甲午: 午의 지장간 丙,己,丁에서 **甲己합**을 한다.
② 丙戌: 戌의 지장간 辛,丁,戊에서 **丙辛합**을 한다.
③ 戊子: 子의 지장간 壬,**癸**에서 **戊癸합**을 한다.
④ 戊辰: 辰의 지장간 乙,**癸**,戊에서 **戊癸합**을 한다.
⑤ 庚辰: 辰의 지장간 乙,癸,戊에서 **乙庚합**을 한다.
⑥ 壬午: 午의 지장간 丙,己,丁에서 **丁壬합**을 한다.
⑦ 壬戌: 戌의 지장간 辛,丁,戊에서 **丁壬합**을 한다.

<정관과 합을 할 경우>

① 乙巳: 巳의 지장간 戊,**庚**,丙에서 **乙庚합**을 한다.
② 丁亥: 亥의 지장간 戊,甲,**壬**에서 **丁壬합**을 한다.
③ 己亥: 亥의 지장간 戊,**甲**,壬에서 **甲己합**을 한다.
④ 辛巳: 巳의 지장간 戊,庚,**丙**에서 **丙辛합**을 한다.
⑤ 癸巳: 巳의 지장간 **戊**,庚,丙에서 **戊癸합**을 한다.
⑥ 乙酉: 酉의 지장간 庚,辛에서 乙庚合을 한다.
⑦ 癸亥: 亥의 지장간 戊,甲,壬에서 戊癸合을 한다.

5) 탐합망충(貪合忘沖)

生과 剋이 있을 경우에는 相生을 우선하듯이
合과 沖이 있을 경우에는 沖을 잊고 合을 먼저 한다.

〈탐합망충〉

時	日	月	年
甲	庚	丙	壬
申	**辰**	**子**	**午**

庚辰일주의 월지와 연지가 子午沖을 하던 중에 월,일,시지가
申子辰 삼합을 하니 子午沖을 잊고 申子辰 삼합을 한다.

6) 합외상충(合外相沖)

충의 작용을 할 수 없는 것을 다른 지지가 합을 하게
됨으로써 다시 충이 성립되는 경우이다.

〈합외상충〉

時	日	月	年
庚	丙	甲	壬
寅	**午**	**午**	**子**

丙午일주의 연지 子水가 월지와 일지에 있는 두 개의 午火
를 충하지는 못한다. 그런데 시지의 寅木이 일지의 午火를
寅午 火局으로 합하니 월지의 午火가 하나만 남게 되어 연
지 子水가 월지 午火를 子午沖하게 된다.

7) 합이합충(合以合沖)

합으로 충이 해소되었으나 또 다른 오행이 합을 하여 충이 되살아나는 경우이다.

〈합이합충〉

時	日	月	年
甲	丁	乙	丁
辰	酉	巳	亥

丁酉일주 연지와 월지의 巳亥沖을
일지에서 巳酉合을 하여 巳亥沖이 해소되었는데
다시 시지 辰土가 일지 酉辰으로 합을 하니
巳亥沖이 다시 살아난다.

〈합이합충〉

時	日	月	年	행운
丁	甲	癸	乙	甲
卯	午	未	丑	子

甲午일주가 연지와 월지의 丑未沖을
일지의 午火가 午未合을 하면서 충이 해소되었는데,
행운에서 子水가 일지를 子午沖하니 丑未沖이 살아난다.

---

4. 지지충(地支沖)

1) 지지충의 구성

지지충	子午沖	丑未沖	寅申沖
	卯酉沖	辰戌沖	巳亥沖

대면하여 서로 충돌하는 것으로 지지에서 일곱 번째의 지지와 충이 되므로 칠살, 칠충이라고도 한다.

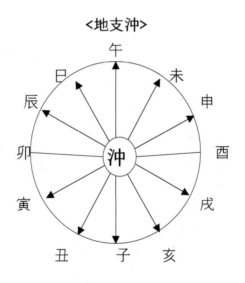

<地支沖>

7번째와 沖

유쾌한 사주

2) 지지충의 속 내용

(1) **子   午**

$$壬 \longleftrightarrow 丙$$
$$己$$
$$癸 \longleftrightarrow 丁$$

(2) **丑   未**

$$癸 \longleftrightarrow 丁$$
$$辛 \longleftrightarrow 乙$$
$$己 \qquad 己$$

(1) 子午충에서는 丙壬충, 丁癸충이 발생한다.
(2) 丑未충에서는 丁癸충, 乙辛충이 발생한다.

(3) **寅   申**

$$戊 \qquad 戊$$
$$丙 \longleftrightarrow 壬$$
$$甲 \longleftrightarrow 庚$$

(4) **卯   酉**

$$甲 \longleftrightarrow 庚$$
$$乙 \longleftrightarrow 辛$$

(3) 寅申沖에서는 丙壬沖, 甲庚沖이 발생한다.
(4) 卯酉沖에서는 甲庚沖, 乙辛沖이 발생한다.

(5) **辰   戌**

$$乙 \longleftrightarrow 辛$$
$$癸 \longleftrightarrow 丁$$
$$戊 \qquad 戊$$

(6) **巳   亥**

$$戊 \qquad 戊$$
$$庚 \longleftrightarrow 甲$$
$$丙 \longleftrightarrow 壬$$

(5) 辰戌沖에서는 乙辛沖, 丁癸沖이 발생한다.
(6) 巳亥沖에서는 甲庚沖, 丙壬沖이 발생한다.

3) 지지충의 작용력

① 충돌, 시비, 방해, 분리, 막힘, 지체, 정리, 발전이 있다.
② 상극과도 비슷한 작용이며, 쌍방간 피해를 입는다.
③ 인간관계의 어려움, 배신, 변동, 이동이 많다.
④ 건강, 질병, 사고 등으로 일신이 불안정하다.
⑤ 지지를 충하면 그 위의 천간도 혼들려 작용을 못한다.
⑥ 충하는 지지의 십성과 그 역할들이 충돌한다.

⑦ 적재된 기운을 분산시키고 유통시킨다.
⑧ 행운에서 충이 오면 외충(外沖)이라 하고,
   해당사건이 외부로부터 시작된다.
⑨ 흉한 것을 충해주면 吉해짐으로 좋은 현상이 된다.
⑩ 생각이 많고 적극적이며 창조적이다.
⑪ 비판적이고 논리적이며 설득력이 우수하다.
⑫ 원국의 충은 두 글자가 나란히 붙어 있어야 작용된다.
   단, 월지에서는 떨어져 있어도 작용한다.

<궁의 위치에 따라 발생하는 문제>

. 연지충: 조상, 산소, 국가, 사회, 윗사람, 과거사
. 월지충: 부모형제, 대외적, 거주지, 직장, 직책
. 일지충: 본인 건강, 배우자, 상대방, 동료
. 시지충: 자녀, 아랫사람, 미래, 여행, 해외, 유학

〈기운에 따라 발생하는 문제〉

. 子午沖-심신불안정. 사고와 구설수. 정신세계
. 巳亥沖-걱정,근심. 정신적 고통. 일의 지체. 분산.
. 寅申沖-관재. 형액. 사고수가 많다.
. 卯酉沖-변동, 배신이 많고 부부불화가 많다.
. 丑未沖- 배신, 형제간 불화, 사업부진, 매사 지체됨
. 辰戌沖-고독하며 풍파가 많고 투쟁과 시비가 많다.

. 寅申巳亥(생지,역마충)-陽과陽, 현상이 급하게 진행
. 子午卯酉(왕지,도화충)-陰과陰, 변화나 이동이 크다.
. 辰戌丑未(고지,화개충)-土와土, 내부적 문제. 본질은
 크게 상하지 않는다.

〈沖의 피해〉

 쌍방피해이지만 극을 당하는 쪽이 더 피해를 입는다.
왕한 자를 충하면 더욱 발동하고(역극), 약한 자는 충을 당
하면 뿌리가 뽑힌다.

왕한 자가 희신인데 약한 자가 충하면 왕지가 더욱 발동하
므로 길하게 되고, 왕지가 기신인데 약한 자가 충하면 오히
려 왕지가 더욱 발동하니 흉하게 된다.

〈십성에 따라 발생되는 문제〉

비겁충	건강, 자존감, 자아실현욕구, 자신감, 형제, 동료, 경쟁자	**충을 감당할만 하면 발전하고, 감당할 수 없으면 피해를 받는다.**
식상충	표현력, 창의력, 감정, 활동력, 일, 재능, 자식, 장모님	
재성충	재물, 일, 목표성, 사기, 부도, 부친, 처, 첩	
관성충	건강, 명예, 자기통제력, 자유, 도덕성, 직장, 자식, 남편, 남자	
인성충	정신력, 사고력, 학습력, 계약, 명예, 시험, 공부, 모친	

* 천간의 沖은 지지가 구제하지 못하고, 지지의 沖은 천간이 구제하지 못한다.

가령 丁癸沖이 있을 경우 천간의 甲木이나 乙木이 와서 水生木 木生火로 통관시키면 좋다. 지지의 寅卯는 목이라도 천간충에 작용을 하지 못한다.

* 천간이 충극하더라도 지지가 안정되면 지지는 장애가 없으나, 지지가 상충되면 천간은 지지를 돕지도 못하고 흔들려서 제 역할을 못한다.

〈지지충〉

時	日	月	年
癸	丁	丙	庚
卯	**酉**	戌	子

丁火일간이 신약한 중 시지의 卯木을 희용하는데
일지와 卯酉沖을 하니
卯木이 인성의 역할을 제대로 하지 못한다.

〈지지충〉

時	日	月	年
戊	壬	辛	辛
申	辰	巳	亥

壬水일간이 월지의 巳火가 필요한데
연지와 巳亥沖을 하고 있으니
巳火는 편재의 역할을 제대로 하지 못한다.

4) 지지충의 해소

水火沖은 木運에서, 金木沖은 水運에서
沖이 해소된다.

원국에 충이 있으면 평생 그 기운을 가지고 있지만
**행운에서 충하고 있는 지지를 合하거나 통관시키면
충이 해소된다.**

. 子午沖-행운 木運에 水木火의 상생으로 해소된다.
. 巳亥沖-행운 木運에 水木火의 상생으로 해소된다.
. 寅申沖-행운 水運에 金水木의 상생으로 해소된다.
. 卯酉沖-행운 水運에 金水木의 상생으로 해소된다.

〈지지충 해소〉

時	日	月	年	행운
辛	壬	庚	丙	己
亥	子	午	申	未

일지 子水와 월지 午火가 沖을 하는 중
행운 己未년이 오면 午火와 未土가 합을 하며
沖이 해소된다.

5. 형살. 파. 해

1) 형살(形殺)

〈원리와 구성〉

형살:	寅申　巳寅　申巳　丑未　未戌　戌丑
삼형살:	寅巳申　丑戌未
상형살:	子卯　卯子
자형살:	亥亥　辰辰　午午　酉酉

형살은 방합과 삼합의 결속에서 충돌하며 발생되는 불편한 관계들에서 발생된다. 원국에 있는 경우와, 행운에서 오는 경우가 있다. 관재, 구설, 배척, 혐오, 갈등, 변동, 불목, 사건, 사고등이 따른다.

吉하게 작용하면 형살을 사용해 형법의 권력을 갖고 凶하면 형벌의 화를 당한다. 끈기, 굳은 의지, 강한 추진력으로 성공한다. 법조계. 교도계. 의료계. 약학계. 요식업계. 군인. 소방관. 경찰에 잘 어울린다. 강한 무기와, 강하고 예리한 도구가 필요한 직업에서 성공확률이 높다.

형살들을 모두 적용하다 보면 안 걸린 사주가 얼마 없을 것이다. 오행원리상 상생하는 관계임에도 형벌적인 역할을 한다는 것은 합리적이지 않다. 안좋은 상황에서만 가볍게 참고만 하도록 한다.

<위방합과 삼합에서 구성됨>

방합	亥子丑 (水)	寅卯辰 (木)	巳午未 (火)	申酉戌 (金)
삼합	亥卯未 (木)	申子辰 (水)	寅午戌 (火)	巳酉丑 (金)
자형살	亥亥	辰辰	午午	酉酉
상형살	子卯	卯子		
형살	丑未	寅申	巳寅 未戌	申巳 戌丑
삼형살	丑戌未	寅巳申		

* 작용력

. 형살: 寅申 巳寅 申巳 丑未 未戌 戌丑
　충돌하여 깨뜨리고 냉정하고 잔인성이 있다.
　자기주장이 강해서 타인을 무시하고 독선적이다.
　언행이 거칠고 이익을 위해서는 배신도 잘한다.

. 삼형살: 寅巳申-지세지형(持勢之刑) 자기의 세력만
　　　　　　　믿고 날뛰는 모습
　　　　　丑戌未-무은지형(無恩之刑) 은혜를 모르고
　　　　　　　도움 받은 은혜를 원수로 갚음
. 상형살: 子卯 卯子-무례지형(無禮之刑) 예의가 없고
　　　　　　　경거망동하며 안하무인이다.
. 자형살: 辰辰 午午 酉酉 亥亥-서로 싫어하고 밀어내며
　　　　　　　충돌함. 자신을 들들 볶아 스스로 괴롭힘

2) 파살(破殺)

| 파 | 子酉 | 丑辰 | 寅亥 | 卯午 | 巳申 | 未戌 |

파괴하고 분리, 절단하는 성질이다.

길신을 파하면 흉하고, 흉신을 파하면 길한 것이 되지만
작용력은 미약하다고 본다.

3) 해(害)

| 해 | 子未 | 丑午 | 寅巳 | 卯辰 | 申亥 | 酉戌 |

합하고 있는 사이를 방해하며 해로움을 끼친다.

충의 의미와는 다르며 일상생활에 장애물이 잘 생기게 하는
방해적인 살성이다.

부모 형제와 원망하는 일이 생기고, 업무에 장애가 따르거
나, 골육간에 서로 해하며 부부가 화합하지 못한다.

시비구설과 사고가 많고 형액, 중상모략등이 생긴다.

적선하며 종교계통에서 일을 하면 좋다.

짜임을 보면 원진살도 있고 생하는 것도 있어서 사실상 해
한다고 보기는 어렵다. 작용력은 미약하다고 본다.

8장 신 살(神殺)

명리학뿐만 아니라 역술계통 여러 분야에 신살(神殺)이 있다. 신살은 음양오행을 보충해주는 양념같은 존재이다. 명리학은 음양오행의 생극제화를 논함이 기본 원리이고, 신살은 사주 감정에 도움을 주는 단편적인 방법으로 참고한다.
단, 흉운일 때는 흉신도 함께 작용을 하는 것으로 참고한다.

명리를 분석함에 신살에 초점을 맞추거나 확대해석을 하다보면 사람을 겁박하거나 공포 분위기를 조성하는 등 부작용을 초래할 수 있다. 그것은 얕은 지식이며 혹세무민하는 것이니 옳지 않다.

신살에는 길신과 흉신이 있다.
신살(神殺)에서 신(神)은 나를 도와주려는 길신이고
살(殺)은 나를 괴롭히려는 흉신이다.

1. 12신살

겁살(劫殺)	재살(災殺)	천살(天殺)	지살(地殺)
연살(年殺)	월살(月殺)	망신(亡身)	장성(將星)
반안(攀鞍)	역마(驛馬)	육해(六害)	화개(華蓋)

12신살은 우주의 생(生). 장(長). 멸(滅)의 법칙에 의해 만들어진 것으로 12지지에 순서대로 놓인다.

* 12신살 붙이는 방법

. **일지가 어떤 삼합**에 해당하는지 파악한다.
. 일지가 해당하는 삼합의 맨 끝자(庫,墓)의 다음 글자에서 순서대로 진행한다.
. 진행하는 순서는 **겁**살 **재**살 **천**살 **지**살 **년**살 **월**살
  망신살 **장**성살 **반**안살 **역**마살 **육**해살 **화**개살로 순행한다.

가령, 본인 **일주가 壬子**이면, **삼합 申子辰**에 해당하므로
辰 다음의 巳부터 시작하여 순행한다.
巳-겁살   午-재살   未-천살   申-지살   酉-년살
戌-월살   亥-망신살   子-장성살   丑-반안살
寅-역마살 卯-육해살   辰-화개살
이렇게하여 자신의 4개 지지에 해당하는 것을 찾는다.

일지가 巳酉丑이면-寅부터 겁살을 시작한다.
일지가 亥卯未이면-申부터 겁살을 시작한다.
일지가 申子辰이면-巳부터 겁살을 시작한다.
일지가 寅午戌이면-亥부터 겁살을 시작한다.

<h3><12신살표></h3>

생일	겁살	재살	천살	지살	연살	월살	망신	장성	반안	역마	육해	화개
亥卯未	申	酉	戌	亥	子	丑	寅	卯	辰	巳	午	未
寅午戌	亥	子	丑	寅	卯	辰	巳	午	未	申	酉	戌
巳酉丑	寅	卯	辰	巳	午	未	申	酉	戌	亥	子	丑
申子辰	巳	午	未	申	酉	戌	亥	子	丑	寅	卯	辰

일지가 해당하는 삼합 끝글자의 다음부터 겁살부터 순행한다.

겁(劫 위협할 겁)　살(殺 죽일 살)　재(災 재앙 재)

장(將 장차 장)　　반(攀 잡을 반)　안(鞍 안장 안)

역(驛 역참 역)　화(華 꽃,빛날 화)　개(蓋 덮을 개)

---

1) 겁살(劫殺)

외부로부터 겁탈과 강탈을 당한다.(빼앗길 것이 있다.)
정정당당 하더라도 해로운 결과로 재화(災禍)가 생기고,
비명횡사. 교통사고. 돌발사고. 금전손실. 관재구설. 불화. 부
정. 강제 차압. 압류. 강제철거. 강탈 등의 강제성을 띤 사고
를 당하며, 질병이나 수술 등의 문제가 잦다.

① 기신일 때는 혹독하고 무자비하여 범죄에 가담하기 쉽다.
② 괴강살이나 양인살과 같이 있으면 교통사고, 횡사, 급사
   를 당할 수 있다.
③ 겁살이 공망이나 원진살이면 수치를 모른다.
④ 일시지에 겁살이 기신이면 주색잡기로 가정파탄이 쉽다.
⑤ 겁살이 희신에 해당할 때는 총명하고 지모가 뛰어나
   며 총명하고 민첩하여 대귀(大貴)한다.

2) 재살(災殺)

수옥살(囚獄殺)이라고도 한다. 용맹하다.
생명과 명예를 걸고 실권을 주도하는 싸움이므로 살성이 강
하다. 신강하고 짜임새가 좋으면 부귀한 명으로 사법 기관
이나 권력 기관 등에서 권력을 잡지만 그렇지 못할 경우 구
속, 감금, 관재, 송사, 교통사고 등의 형액이 따른다.
. 재살이 기신일 경우에
 水에 해당하면 약물 중독이나 수액을 당하기 쉽고
 火에 해당하면 분신사고, 폭발, 화재를 당하기 쉽고
 金에 해당하면 총검사고, 기계사고를 당하기 쉽고
 木에 해당하면 추락사고, 몽둥이 사고를 당하기 쉽다.

3) 천살(天殺)

불가항력적인 천재지변을 당한다. 하늘이 내리는 변을 피할 수 없는 살로서 죽음과 눈물, 슬픔, 가뭄, 홍수, 관재 구설, 태풍 피해등 水.火로 인한 피해나 전기, 벼락, 정신병, 암, 고혈압, 중풍, 언어장애 등의 질병이 생길 수 있다.

① 천살 대운에 중풍,암 등 마비성 질환 발생이 쉽다.
② 사업가는 기밀누설로 인한 손재나 관액을 주의한다.
③ 직장인은 배후의 세력으로 고속승진, 영전 등을 한다.
④ 천살 방향은 조상 방향 또는 선생님 방향으로 본다.
⑤ 천살방향에 제사를 지내거나 선산을 모시는 게 길하다.
⑥ 종교적인 물건은 천살방향을 피하는 것이 좋다.
⑦ 천살방향에 책상을 두고 공부하면 학업능률이 오른다.
⑧ 천살방향으로 이사하면 발복한다. 단, 조부모와 함께 살거나 제사를 지내는 집에서는 피하는게 좋다.

4) 지살(地殺)

이동에 관한 살로서 매우 번잡하게 이동을 하게 된다.
이사, 변동, 여행, 이직, 해외 이민, 객지살이, 가정변동, 차량변동 등의 이동이 많다. 길성으로 작용하면 무역, 수출입, 관광, 운수, 통신, 우편등의 업종에서 능력발휘가 된다.
① 역마는 능동적, 적극적이나 지살은 수동적, 소극적이다.
   지살은 공적인 일, 역마살은 사적인 일에 많이 작용한다.
② 지살이 있으면 이동이 많은 직업에 종사하면 좋다.
③ 지살운에는 이동이나 변동, 변화할 일이 발생한다.
④ 지살방향에 주택, 점포, 차고 등의 출입문을 내면 좋다.

유쾌한 사주

5) 연살(年殺)

도화살(桃花殺)이라고도 한다. 자신의 존재를 드러내는 욕구가 강하다. 미색을 탐하고 화려한 것에 민감하다. 남녀 사이의 성욕이 많고, 성적 매력이 있다. 결혼 후에는 이성문제 발생률이 높다. 화려한 직업을 통해 오히려 큰 인기를 얻을 수 있으므로 연예인이나 예술가 등에 유리하고, 사람을 끌어당기는 매력이 있으므로 사회생활에는 보탬이 많이 된다.

① 기신이면 언행불손, 패륜행위, 변태애정, 주색잡기 있다.
② 합,형을 꺼리며, 원진이 있으면 배우자덕이 박하다.
③ 남명에 재성이 연살과 합되면 처가 부정행위를 하기쉽다.
④ 연살이 편관과 동주하면 화류계, 연예계, 예술계에
  종사하는 사람이 많다.
⑤ 운에서 흉신인 연살을 만나 주색으로 구설망신이 따른다.
⑥ 연살이 귀인이면 유흥업이나 여자로 인해 부자 된다.
⑦ 부인이 어두운 수단으로 축재하여 부자가 될 수 있다.
⑧ 사람들에게 인기가 많아서 일의 능률을 높이기 좋다.
⑨ 연살이 길신이고 생왕하면 수려한 용모에 예술성이 있다.

  * 나체도화(裸體桃花)
일지에 도화가 있으면 음란하고 나체를 좋아한다.
남녀노소를 가리지 않고 탐음심이 많다.

  * 편야도화(遍野桃花)
사주 내에 子午卯酉를 모두 갖추면 사성도화라고도 하며,
주색황음(酒色荒淫)한다.

---

* 곤랑도화(滾浪桃花,간합지형)

간합지형	甲己	丙辛	戊癸	庚乙	壬丁	<-간
	子卯	子卯	子卯	子卯	子卯	<-지

간합지형(干合支刑)으로, 천간은 合이고 지지는 형살과 도화이다. 너무나 색을 밝혀 정신을 잃을 정도로 몰입하며 때에 따라서는 정사하는 수도 있으며 남녀가 모두 곤랑도화를 가지고 있으면 더욱 심하다.

〈간합지형의 예〉

時	日	月	年
丙	庚	乙	庚
寅	子	卯	戌

庚子일주가 천간에서 乙庚合 지지에서 子卯刑을 한다.

6) 월살(月殺)

고초살(枯草殺)이라고도 한다. 만물을 고갈시키고 파괴하며 정기를 저장해 둔 창고를 파괴하는 작용을 한다.
따라서 소아마비, 자금고갈, 분쟁, 소송 등이 발생한다.
월살일은 곡식의 파종, 집의 건축, 동물의 교미, 인생의 출발인 결혼 등 중요한 대소사는 금지하는 날이다.
. 월살운이 오면 신앙의 회의를 느끼거나 개종할 수 있다.
. 신체 마비, 사업부진, 자금고갈, 소송사건 등이 발생한다.
. 월살과 화개가 같이 하면 소아마비나 하체장애가 많다.
. 여명에게는 고독하거나 우울감이 많다.

146

7) 망신살(亡身殺)

관부살(官符殺)이라고도 한다. 부도덕함이 내포되어 있어서 실속은 챙기지만 명예가 실추되고 타인의 입에 오르내린다. 이처럼 안에서 잃은 것을 망신이라 하니 내부에서 문제가 일어난다. 육친간의 생사이별, 임신, 도난, 사업실패, 사기, 손재수, 구설수 등이 따른다.

. 망신살이 흉신이면 경거망동, 거짓말, 시비로 관재구설에 휘말리기 쉽다.

. 망신살이 공망이면 허세와 허욕이 많고 남을 잘 괴롭힌다.

. 망신살이 길성이면 총명하고 대인관계, 언변, 문장력 좋다.

8) 장성살(將星殺)

포부가 크고 무슨 일이든 진취적으로 진행하며 장군에까지 이르게 되는 살로서, 관성(官星)과 동주하면 높은 관직에 오르는 경우가 많다. 사법계, 경찰관, 군인으로 입신양명하는 덕이 있고, 발전, 승진, 명예, 권력, 건강, 용맹 등에 좋다.

① 장성살이 공망되면 속세를 떠나고 싶은 마음이 많다.
② 장성살이 있으면 자존심이 강하고 주관이 뚜렷하다.
③ 장성살이 길신이며 양인과 동주하면 생살대권을 장악하여 군인,검찰,경찰,법조계,교도계,의약계에 유리하다.
④ 장성살이 길신이며 관성과 동주하면 관계로 성공한다.
⑤ 장성살이 길신이며 재성과 동주하면 재정권이 좋다.
⑥ 장성살 방향으로는 집이나 사무실, 영업장 등의 문을 내지 않는다. 이 방향은 막혀 있어야 좋다.

9) 반안살(攀鞍殺)

반안은 말의 안장을 잡아준다는 말로 안장살이라고도 한다. 무관의 의미를 가진다. 반안살은 吉한 살로서, 사주에 반안살이 있는 사람은 임기응변이 능하고 자금융통이 잘 되고, 식생활에 불편이 없다. 또한 학업을 하는 사람들은 시험운이 좋으며, 남들보다 빨리 승진을 하고 성공길이 빠르다.

① 반안살이 길신이면 윗사람의 도움과 사랑을 받고
영리를 취하나 허세를 잘 부린다.
② 반안살 방향으로 금고를 두면 재정이 좋아진다.
③ 반안살 방향으로 머리를 두고 자면 운이 트인다.
④ 급한 일로 돈을 융통할 때는 반안살 방향의 사람에게
부탁하면 가장 잘된다.
⑤ 반안살 방향에 책상을 배치하면 학습능률이 오른다.
⑥ 세대주의 반안살 방향으로 이사를 하면 발복한다.

10) 역마살(驛馬殺)

이동살(移動殺)이라고도 한다. 원행, 출행, 이사, 이동, 이민, 해외여행 등이 발생할 수 있다.
사주에 역마가 길성이면 외교관이나 무역업, 국회의원 등 사회적으로 활동성이 뛰어나고 재성과 동주하면 재물이 많고 임기응변의 재주가 있으며 외교에도 뛰어나다.

① 역마살이 흉신에 해당하면 평생 분주하나 실속 없다.
② 역마살, 도화살, 망신살이 함께 있고 기신이면 색정으로 망신을 당하게 된다.

---

③ 역마살이 공망과 동주하면 거주지 변동이 많다.

④ 역마살이 편관, 편인, 겁재와 동주하며 기신이면 실속
　 없이 바쁘기만 하다.

⑤ 운에서 역마살이 흉신이 되면 교통사고나 객사 등의
　 흉사가 염려된다.

⑥ 역마살이 장성과 동주하면 일찍부터 재물을 모으고
　 좋은 배우자를 만난다.

⑦ 역마살과 식신이 함께 있고 건왕하면 복덕이 후하다.

⑧ 역마살이 길신이면 영업, 사교, 외국, 정치 등에 좋다.

　11) 육해살(六害殺)

　의지살(依支殺)이라고도 하며, 여섯 가지의 해로움이다.
질병, 화재, 도난, 사고, 관액, 다성다패하고 일생분주하다.

. 육해살이 흉신이면 혈육간 해가 많고 실패와 병고가 많다.

. 사주에 육해살이 생왕하면 민첩하고 매사에 신속하다.

. 길신에 해당하면 외부의 도움이 많고 영전이 빠르다.

　12) 화개살(華蓋殺)

　만물을 추수해서 겨울 동안 저장했다가 봄에 다시
꺼내어 쓰는 저장창고와 같다. 근검절약하고 돈을 아껴쓰고
욕심도 많고 부지런하다. 총명하고 학업에 재능이 있고 심성
이 바르다. 욕심을 버리고 종교를 가지면 좋다.
대학자, 의약계, 문화예술계, 종교철학계에 성공이 높다.

① 일지에 화개살이 있으면 도학이나 수련에 뜻이 많다.

② 화개살이 공망되면 종교계통으로 진출하면 좋다.

③ 여명에 화개살이 많으면 자녀양육이 어렵고 고독하다.

④ 화개살이 길신이면 참모나 동료 부하의 도움이 크다.

⑤ 화개살이 정인과 동주하며 길신이면 대학자가 된다.

⑥ 화개살이 천을귀인 천덕,월덕귀인 등이면 학문이 훌륭하다.

⑦ 화개살이 양인과 있으면 다재다능하나 결과가 약하다.

⑧ 정인 화개이면 문장력이 뛰어나 학자로 성공할 수 있다.

⑨ 사업이 안좋은 상황에서 행운에서 화개운이 오면
 사업운이 좋아지지 않고 입묘하는 상황이 가깝다.

⑩ 화개운은 과거를 회상하며 과거의 사람을 다시 만난다.

⑪ 화개운이 오면 과거에 했던 일들을 재가동 하거나,
 반복하거나 마무리 하고, 새로운 출발은 하지 않는다.

2. 길신(吉神)

1) 천을귀인(天乙貴人)

일간	甲戊庚	乙己	丙丁	辛	壬癸
천을귀인	丑未	子申	亥酉	寅午	巳卯

길신 중에서도 가장 좋은 길신이다. 매우 큰 행운이므로 사주 감명시에 꼭 확인을 한다. 지혜롭고 총명하고 출세운이 있고 늘 하늘의 도움이 있다. 인덕이 있고 외교에 능하다. 위태로울 때 귀인의 도움을 받아 구제를 받게 된다. 흉한 일을 당할 때도 전화위복이 된다. 일간을 네 지지에 대입한다.

특히 일주 丁亥 丁酉 癸巳 癸卯는 **일귀일생**이라고 하며, 인품이 고귀하다. 형충이나 공망이면 작용은 감소한다.

丁酉 癸巳일주는(재성) 재물복과 부친덕이 많으며 남명은 처복이 좋다. 丁亥(정관)일주는 관직으로 크게 성공하고
남명은 자식복이 좋고 여명은 남편복이 좋다.
癸卯(식신)일주는 식복이 있고, 하는 일이 잘 풀리고
남명은 장모덕이 있고 여명은 자식이 귀하게 된다.
나머지도 같은 방법으로 해당 십성에 대입하여 추론한다.

① 배우자궁이 귀인이면 배우자와 본인이 귀인이다.
② 식신이 천을귀인이면 일생 의식주의 복이 풍족하고
   재성 귀인이면 재복과 부친복, 남명은 처복이 좋다.

③ 행운에서 천을귀인을 만나면 호재가 생긴다.

④ 천을귀인이 공망되면 가무를 좋아하고 겉으로는 화려하나 실속이 없다.

⑤ 천을귀인이 역마살과 동주하면 객지에서 발전한다.

⑥ 천을귀인이 문창성과 동주하면 학문에 뛰어나다.

⑦ 천을귀인이 화개살과 동주하면 마음이 밝고, 문장력과 예도가 특출하다.

⑧ 식신 상관이 천을귀인이면 의식이 풍족하며 장수하고 기예에 능하고, 여명은 자식이 훌륭하다.

⑨ 인성이 천을귀인이면 학문에 통달하고 부모덕이 많다.

⑩ 비겁이 천을귀인이면 형제 친구 동료의 덕이 있으며 형제자매가 발전한다.

⑪ 재성이 천을귀인이면 부친이 훌륭하고, 처가 현명하며 내조의 공이 크고 부를 축적한다.

⑫ 관성이 천을귀인이면 관직이나 직장에서 좋은 위치를 유지하고 능력을 발휘한다.

⑬ 본인의 천을귀인에 해당하는 글자가 있는 사람은
천을귀인의 역할을 한다.

*재고귀인(財庫貴人)
일주 甲辰 甲戌 丙戌 丁丑 己丑 辛未 壬戌는
일지 지장간에 재성의 창고를 두어서 부자 사주다.

2) 문창귀인(文昌貴人) 문곡귀인(文曲貴人)

일 간	甲	乙	丙	丁	戊	己	庚	辛	壬	癸
문창귀인	巳	午	申	酉	申	酉	亥	子	寅	卯
문곡귀인	亥	子	寅	卯	寅	卯	巳	午	申	酉

일간을 기준으로 네 지지에 대입한다.

화토동법(火土同法)으로 본다. 문창귀인과 문곡귀인의 역할은 거의 같으며 인품이 고귀하고 글공부로 성공할 수 있다.

문창귀인은 일간을 기준으로 양일간은 12운성의 病이고.
음일간은 12운성의 長生이다.
문곡귀인은 일간을 기준으로 양일간은 12운성의 長生이고,
음일간은 12운성의 病이다.
문창귀인, 문곡귀인, 학당귀인은 공부의신 3종 셋트이다.

① 총명하고 지혜롭고, 학문 관련된 고위직을 가질 수 있다.
② 예지력과 발표력, 표현력이 뛰어나다.
③ 문학이나 예술방면에 뛰어난 재능이 있다.
④ 식복이 많고, 모든 凶을 만나도 吉하게 변한다.
⑤ 일지에 있는 것을 우선으로 치고 시와 월은 다음이다.
⑥ 형충파해나 공망을 꺼리고 일주가 신강함을 좋아한다.
⑦ 일간을 기준으로 지지에 대입한다.
⑧ 행운에서 오면 그 기간동안 작용을 한다.
⑨ 전문지식인. 연구직. 출판. 교육. 화술업에 유리하다.
⑩ 충하거나 합할 경우는 작용력이 약하다.

3) 학당귀인(學堂貴人)

일간	甲	乙	丙	丁	戊	己	庚	辛	壬	癸
학당	亥	午	寅	酉	寅	酉	巳	子	申	卯

문창귀인과 같은 역할이고, 특히 학문적 재능이 뛰어나다. 일간을 기준으로 지지에 대입한다. 양간 음간 모두 장생지다

　　　〈학당귀인〉

　　　時　　日　　月　　年
　　　甲　　戊　　丁　　壬
　　　寅　　午　　**未**　　子

戊土 일간이 未月에 生하여 신강한 중, 월지 未土는 천을귀인, 시지 寅木은 학당,문곡귀인이다. 등단작가님이다.

4) 건록(建祿)

일 간	甲	乙	丙	丁	戊	己	庚	辛	壬	癸
건 록	寅	卯	巳	午	巳	午	申	酉	亥	子

건록은 정록(正祿)이라고도 한다. 건록이 좋으면 의식주가 풍부하다. 일지에 건록이 있으면 성공하여 부귀해지고, 일평생 호의호식한다.　일간 기준으로 지지에 대입한다.
① 원국에 건록 있고 관성이 건왕하면 관리로 출세한다.
② 건록이 인성과 합이 되면 문학, 학문으로 성공한다.
③ 건록이 식신이나 편재와 합이면 사업가로 성공한다.
④ 건록이 길신이면 주위의 협조로 큰 발전을 한다.

〈건록〉

時	日	月	年
甲	庚	丁	壬
申	辰	未	辰

시지의 申金이 건록이고, 未월지가 천을귀인이다. 승승장구로 고위급 공무직을 수행하며 공명부귀하였다.

5) 암록(暗祿)

일간	甲	乙	丙	丁	戊	己	庚	辛	壬	癸
암록	亥	戌	申	未	申	未	巳	辰	寅	丑

암록은 건록과 합(合)이 되는 지지이다.

건록이 겉으로 표출된 길성이라면 암록은 숨어 있는 길성이다. 평생 재물에 부족함이 없고 보이지 않는 귀인의 조력으로 위기를 모면하는 행운이 있다. 자신의 의지를 관철시키는 힘이 강하다. 일간을 기준으로 지지에 대입한다.

. 암록이 길신이면 어려울 때에 자기도 모르게 도와주는 사람이 생기거나 주위의 도움으로 위기를 극복한다.
. 공망이나 형충파해가 되면 작용력은 감소한다.

〈암록〉

時	日	月	年
戊	丙	丙	乙
戊	**申**	戌	卯

일지의 申金이 암록이다. 어려울 때마다 도움을 받는다.

6) 월덕귀인(月德貴人)

천간	甲	丙	庚	壬
월지(월덕)	亥卯未	寅午戌	巳酉丑	申子辰

월덕이 있으면 전생에 좋은 일을 했거나 조상들의
공덕으로 은총을 받게 되는 길성이다. 평생 관운이 좋고
자식으로 인한 경사가 따른다. 천간과 월지를 대입한다.
월지 3합의 양간이 해당된다. 행운에서 올 때에도 작용을
하며 해당 글자가 있는 사람에게도 같은 기운을 받는다.

〈월덕귀인〉

時	日	月	年
丙	庚	己	壬
子	午	**酉**	**寅**

월지 酉金이 월덕귀인이고 연지의 寅木이 천덕귀인이다.

7) 천덕귀인(天德貴人)

월지	寅	卯	辰	巳	午	未	申	酉	戌	亥	子	丑
천덕	丁	申	壬	辛	亥	甲	癸	寅	丙	乙	巳	庚

하늘의 은총을 받는다는 길성으로, 모든 악살을 풀어주고
나쁜 재액이 범하지 못하며, 어려움에 처했을 때도 전화위복
된다. 천덕귀인이 관성에 임하면 관운이 좋고 인성에 임하면
심성이 매우 좋고 식신에 임하면 의식주가 풍부하다.
월지 기준으로 천간과 지지를 대입한다.

〈천덕귀인〉

時	日	月	年
丙	甲	癸	甲
寅	戌	**酉**	辰

寅時가 천덕귀인이다. 의식주가 풍부하고, 어려움에 처해도
누군가의 도움으로 나쁜 재액이 침범하지 못한다.

8) 천의성(天醫星)

월 지	寅	卯	辰	巳	午	未	申	酉	戌	亥	子	丑
천 의	丑	寅	卯	辰	巳	午	未	申	酉	戌	亥	子

병들고 상하면 치료 해주는 길신이다. 월지의 한칸 앞의
지지이다. 인간을 구제하고 돌보는 의사. 약사. 간호사. 한의
사. 침술인. 종교인. 역학인. 상담직. 사회복지계통 등에 잘
어울린다. 병든 자를 치료해 주어야 하기 때문에 선천적으로
병에 대한 저항력이 강하고 건강하다. 현침살이 있으면 예리
한 바늘과 가위로써, 수술이나 치료를 더 잘 할수 있고, 戌
亥 천문성이 있으면 예지력이 있어서 학문이 한층 뛰어나다.

〈 의사 〉

時	日	月	年
甲	辛	己	壬
午	亥	酉	申

辛亥 일주가 천의성, 현침살, 천문성이 있다.
저명한 내과의사이다.

9) 현침살(懸針殺)

甲 辛 卯 午 未 申

글자의 모양이 침처럼 뾰쪽해서 현침살이라고 한다.

. 성격이 예리하고 섬세하며, 논리적이고 바른말을 잘한다.

. 의사, 간호사, 침술업, 도축업, 요식업, 건축업, 공예가, 목수, 미싱사, 기자, 법관, 종교, 역학 등에 유리하다.

. 본인의 의지와는 무관하게 말이 날카로움으로 인해서 듣는 사람에게 상처를 줄 수 있으니 주의가 필요하다.

〈현침살〉

時	日	月	年
辛	丙	辛	辛
卯	申	卯	未

현침살이 많아 날카롭고 예리하다. 눈썹문신가로 성공했다.

10) 천문성(天門星)

천문성　**戌 亥**

戌亥. 종교나 철학에 관심이 많고 측은지심이 많다. 주변의 어려운 사람을 잘 돕는다. 하루의 끝시간으로 새 날을 맞기 위해 하늘의 문을 여니, 예지력이 있고 직관력이 탁월해 수사관. 의학계. 법관. 종교가. 철학. 역학 등에 유리하다.

〈종교인〉

時	日	月	年
癸	辛	庚	壬
巳	卯	戌	戌

년월에 천문성 戌이 중첩되었다. 종교인의 사주이다.

11) 금여(金輿)

남녀 모두 배우자 덕이 있고 훌륭한 자식을 얻는다.
단정하고 유순하며 총명하다. 일간을 지지에 대입한다.
금으로 만든 수레로 왕족이 타는 마차로 부귀하게 산다.

일간	甲	乙	丙	丁	戊	己	庚	辛	壬	癸
금여	辰	巳	未	申	未	申	戌	亥	丑	寅

〈금여살〉

時	日	月	年
丙	乙	戊	乙
子	巳	子	未

乙木 일간이 子月에 생하여 강하고 조후도 해결이 되었고,
일지의 巳火는 금여살이다. 사업가로써 크게 성공을 하였고,
현모양처와 예술가 자녀를 두었다.

3. 흉신

1) 삼재(三災)

삼재년	亥子丑(水)	寅卯辰(木)	巳午未(火)	申酉戌(金)
출생년(띠)	巳酉丑	申子辰	亥卯未	寅午戌

삼재팔난(三災八難)을 간단히 삼재라고 한다.
열두 해 중 3개의 띠가 3년간 해당된다.

인간의 힘으로 할 수 없는 세가지의 재앙과 여덟가지의
어려움(八難)을 발생시키므로 삼재팔난이라고 한다.
삼합과 방합 첫글자의 沖으로 **출생년도**를 본다.

삼재는 화재(火災) 수재(水災) 풍재(風災)
팔난은 부모 형제 부부 학업 질병 손재 주색 관재

亥子丑 3년은 水局이고, 巳酉丑년생이 삼재이다.
巳酉丑년생 중 水가 필요한 사주는 도움을 받고, 水가
불필요한 사주는 수다(水多)의 피해가 있을 수 있다.

寅卯辰 3년은 木局이고 申子辰년생이 삼재이다.
申子辰년생 중 木이 필요한 사주는 도움을 받고, 木이
불필요한 사주는 목다(木多)의 피해가 있을 수 있다.

유쾌한 사주

巳午未 3년은 火局이고 亥卯未년생이 삼재이다.
亥卯未년생 중 火가 필요한 사주는 도움을 받고, 火가
불필요한 사주는 화다(火多)의 피해가 있을 수 있다.

申酉戌 3년은 金局이고 寅午戌년생이 삼재이다.
寅午戌년생 중 金이 필요한 사주는 도움을 받고, 金이
불필요한 사주는 금다(金多)의 피해가 있을 수 있다.

이 삼재가 본인 사주에 吉작용이면 덕(德)삼재(복삼재)라 하
고, 안 좋은 일도 전화위복이 되어 발복하고 발전한다.
하지만 흉운으로 작용하면 흉삼재라 하고, 길도 흉으로
변하고 막히고 지체되며 삼재팔난의 고통을 겪는다.

이것이 누구에게나 잘 맞는 것은 아니지만 더러는 잘 맞는
사람도 있으므로 참고하고 주의를 하는게 좋다.

누구에게나 3년씩 걸려서 지나가는 것이고,
처음 해는 들삼재, 입삼재라 하고, 두 번째 해는 눌삼재, 세
번째 해는 나가는 삼재, 날삼재라고도 한다.

누구나 다 거쳐가는 것이지만 작용력은 누구나 같지는
않음으로, 삼재에 들어서 삼재풀이를 하면 없어진다거나 하
는 말들은 신빙성이 없다고 본다.

2) 백호대살(白虎大殺)

백호살 **甲辰　乙未　丙戌　丁丑　戊辰　壬戌　癸丑**

백호를 만나 피를 흘리며 사람을 상하게 한다는 흉살이다. 요즘은 호랑이를 만나기 어려우니 각종 사고나 질병 등으로 피를 보게 되는 것으로 볼 수 있다.

일주가 신강하면 백호살도 부릴수 있어서 吉하게도 본다. 백호살이 있는 사람은 기세가 평범하지 않고 강해서 가족관계도 평범한 관계를 벗어날 확률이 높다.

甲辰: 부부 백년해로가 힘들고, 부친에게 흉사가 따르고
　　　당뇨병에 잘 걸린다.
乙未: 배우자와 불합하고 잔병치레가 잦으며 부친에게 흉살이 따른다.

丙戌: 여자는 자녀가 일찍 사망하거나 자궁병이 있다.
丁丑: 여명은 자궁질병이 생기거나 유산을 하고
　　　자식이 없거나 부부이별이 많다.

戊辰: 형제나 부부가 생사이별 하거나 별거하고 외롭다.
壬戌: 부부 백년해로가 힘들고 생식기 질병을 앓는다.
癸丑: 아들이 교통사고의 위험이 있고,
　　　여자는 자궁질병을 앓는다.

3) 괴강살(魁罡殺)

일간	庚	庚	壬	壬
괴강살	辰	戌	辰	戌

戊辰 戊戌을 괴강살로 보기도 한다.

괴강이라는 별에서 뿜어 나오는 살로 모든 사람을 제압하는 강력한 기운이다. 또한 吉과 凶을 극단적으로 가게 한다.

일주가 괴강이면 정직하고 청렴결백하며 이론에 능하고 똑똑하다. 모험을 좋아하고 통솔력이 있다.

충신열사와 군인 등 대귀한 사람이 되기도 한다.

백호살과 괴강살은 기세가 평범하지 않고 강력해서 평범한 가족관계를 벗어날 가능성이 높다.

② 총명하고 지혜가 많고, 살생의 기운이 있다.

② 강하고 비범하며 사납고 결백하다.

③ 괴강살이 가중되면 베포가 크고 대권을 장악한다.

④ 여명은 활동성이 강하여 사회적 인물로 인정받으나 남편이 약해질 수 있다.

⑤ 남편이 잘 나간다면 독수공방으로 외롭게 보낸다.

⑥ 여명이 몰락한 집에 결혼하면 강한 활동력으로 집안을 일으키고, 가문이 좋은 집으로 가면 갸세가 기울수 있다.

⑦ 주관적이고 주도적이므로 경쟁시대를 살아 내기에는 유리한 면이 있다.

4) 원진살(怨嗔殺)

원진살	子未	丑午	寅酉	卯申	辰亥	巳戌

① 불화하고 원망하고 밀어내는 정신적인 괴로움이다.
② 해당하는 육친끼리 불화하고 사이가 좋지 못하다.
③ 원진살이 희신 용신이면 원진의 작용은 거의 못하고,
  기신 구신이면 약간의 작용이 있다고 본다.

④ 부부 일지가 원진살이면 백년해로가 힘들다.
⑤ 사람들과 다툼, 시비, 구설이 잦고 경거망동한다.
⑥ 재성이 원진이고 운에서 원진을 만나면 손재가 있다.
⑦ 관성이 원진살이면 외설, 구설로 직위가 흔들리거나
  좌천을 당한다.

⑧ 식상이 원진이면 비밀유지를 잘못하여 말로 인한
  시비나 구설이 잦다.
⑨ 색욕이 강하여 이성관계가 복잡하다.
⑩ 스스로 스트레스가 많고 마음이 편하지 못하다.
⑪ 일지와 시지가 원진살이면 부부이별하기가 쉽다.

白(흰 백)   虎(범 호)   魁(으뜸 괴)
罡(별이름 강)   怨(원망할 원)   嗔(성낼 진)

〈동물들의 원진관계〉

子未	쥐는 양의 배설물이 조금만 몸에 묻어도 몸이 썩어들어가며 털이 다 빠져서 양을 싫어한다. (鼠忌羊頭覺)
丑午	소는 말의 게으름을 싫어한다. 소는 부지런히 일하는데 평상시의 말은 가만히 서서 음식을 먹고 놀기 때문이다. 실제로 마굿간과 외양간을 이웃해서 지어주면 서로 잘 자라지 못한다. (牛瞋馬不耕)
寅酉	호랑이는 닭의 울음소리를 싫어한다. 장닭이 훼를 길게 세 번 이상 치고 꼬리를 흔들면 귀신과 호랑이도 민가에서 물러간다고 한다. (虎憎鷄嘴短)
卯申	토끼는 원숭이의 엉덩이를 싫어한다. 자신의 가장 예쁘다고 생각하는 빨간 눈과 색깔이 같기 때문이다. 세계 어느 곳을 가 보아도 원숭이가 사는 곳에 토끼가 같이 사는 법은 없다고 한다. (兎愿猴不平)
辰亥	용은 돼지의 코를 싫어한다. 용은 열두 동물의 형태를 모두 형상화한 동물이다. 용의 코는 돼지의 코를 형상화 했기 때문에 돼지코를 닮아서 잘 생긴 용모에 오점을 남겼다며 돼지를 미워한다. (龍嫌猪黑面)
巳戌	뱀은 개 짖는 소리를 들으면 허물을 벗다 죽는다. 발정기 때의 개 짖는 소리는 쇳소리가 강하며 산천초목을 울린다. 고막이 없는 뱀의 귀에까지 울리는 쇳소리에 뱀은 놀라서 심장이 열에 부풀어 올라 허물을 미처 다 벗지도 못한채 죽어 버린다. (巳驚犬吠聲)

서(鼠 쥐 서)	기(忌 꺼릴 기)	각(覺 깨달을 각)
진(瞋 부릅뜰 진)	경(耕 밭갈 경)	호(虎 범 호)
증(憎 미워할 증)	계(鷄 닭 계)	취(嘴 부리 취)
토(兎 토끼 토)	원(愿 삼갈 원)	후(猴 원숭이 후)
용(龍 용 룡)	혐(嫌 싫어할 혐)	저(猪 돼지 저)
경(驚 놀랄 경)	폐(吠 짖을 폐)	성(聲 소리 성)

5) 귀문관살(鬼門關殺)

| 귀문관살 | 子酉 | 丑午 | 寅未 | 卯申 | 辰亥 | 巳戌 |

① 신경이 예민하고 과대망상증이 있고 직관력이 있다.
  일주와 시주에 있으면 작용력이 더 강하다.
② 의심증이 있어서 의부증, 의처증, 변태성이 있다.
③ 길신이면 예지력이 뛰어나고 총명하여 학문이 높고, 의예,
  종교. 철학. 역학에 잘 어울리며 기도빨이 잘 받는다.
④ 행동에 비밀이 많고 과거에 집착하는 경향이 있다.
⑤ 불안감이 많고 정신이 피곤하고 미친행동을 한다.
⑥ 스트레스가 많고 우울증, 홧병이 있을 수 있다.
⑦ 일지와 시지가 귀문관살이면 변태성격이 많다.
⑧ 목화일생이 신태약하면 정신이상을 겪을 수 있다.
⑨ 남명에 재성이 귀문관살이면 처가 변태 성격이거나
  정신이상이 있을 수 있다.
⑩ 여명에 관성이 귀문관살이면 남편이 변태 성격이거나
  정신이상이 있을 수 있다.
⑪ 동성간 애정관계를 할 수 있다.

子酉: 변덕이 심하고 자신만을 생각한다.
丑午: 과격하고 폭력적이며 음독, 자살 가능성이 있다.
寅未: 평소에는 얌전하다가도 갑자기 사고를 낸다.
卯申: 허풍이 많고 즉흥적이다. 자기주장이 강하다.
辰亥: 결벽증과 대인 기피증이 있다. 남을 배척한다.
巳戌: 고집과 자기주장이 강하고 감정기복이 있다.

유쾌한 사주

6) 양인살(羊刃煞)

일간	甲	乙	丙	丁	戊	己	庚	辛	壬	癸
양인	卯	辰	午	未	午	未	酉	戌	子	丑

일간을 기준으로 지지에 대입하며, 양간만 적용한다.

태양빛에 빛나는 칼날로 양(羊)을 잡는다는 뜻이 있다.

형벌을 맡은 살이라 하며, 이 살이 사주에 있으면 곤액과 일신상의 장애가 많이 따르고 길성이면 군경, 의학계,

교도, 법관, 요식업, 도축업계 등으로 성공한다.

. 권력과 형을 주재하여 신강하면 권위가 되고, 신약하면 형액으로 작용한다.

. 관재 구설과 시비가 많아 적을 많이 만들고 외롭다.

. 자만심이 강하고 비사교적이고 안하무인이다.

. 손재수가 잦고, 수술이나 질병, 재앙이 잦다.

7) 탕화살(湯火殺)

일지	寅	午	丑
탕화살	寅巳申	辰午丑	午戌未

탕화살이 있으면 총탄, 가스폭발 등의 사고로 인해 신체에 화상 등을 입을 수 있고, 수술 등의 상처로 신체에 흉터가 생기는 경우가 많다.

해당하는 육친도 함께 대입해서 해석한다.

167

8) 홍염살(紅艶殺)

허영심이 있고 사치를 한다. 도화살과 비슷하나 색정이 강하고, 도화살이 드러난 매력이라면 홍염살은 은근한 매력이다. 이성문제가 많아서 남명은 첩을 얻고, 여명은 기생팔자가 되기 쉽다. 홍염살이 있고 관살혼잡하면 화류계에 종사할수 있다. 일간 기준으로 지지에 대입한다.

일간	甲	乙	丙	丁	戊	己	庚	辛	壬	癸
홍염	午	午	寅	未	辰	辰	戌	酉	子	申

9) 천라지망(天羅地網)

천라지망	辰巳　　戌亥

하늘과 땅에 그물을 씌웠으니 구속을 당하고, 일이 지연지체된다. 辰巳의 辰은 水의 庫지로 땅의 물이 창고에 들어가는 형국이라 밝지 못하고, 戌亥의 戌은 火의 고지로 하늘의 불기운이 창고에 들어가니 凶하다. 戌亥를 천라, 辰巳를 지망이라고 한다. 이 살은 관재구설, 시비, 송사, 구속이 잦다. 일지에 한 자가 있고 타 기둥에 한 자라도 있어야 성립한다.

① 여명은 辰巳를 꺼리고 남명은 戌亥를 꺼린다.
② 천라지망살은 감금 구속등 납치도 당할 수 있다.
③ 여명은 부부해로가 어렵고 자식을 극한다.
④ 길성으로 작용하면 교도관, 법관, 경찰, 검찰, 의약계, 종교인, 역술인, 복지, 육영에 잘 어울린다.
⑤ 辰戌은 공업성이라고도 하며 기술 공업계에도 좋다.

10) 급각살(急脚殺)

월지	亥子丑	寅卯辰	巳午未	申酉戌
급각살	丑辰	亥子	卯未	寅戌

. 월지를 기준으로 일시에 대입한다.

. 낙상, 추락, 교통사고, 골절, 척추, 치아상해가 있다.

. 일시의 급각살은 신경통, 풍치, 척추, 소아마비, 수족이 다치고 질병이 있다.

. 시주의 급각살은 자녀가 불구될 수 있다.

11) 고란살(孤鸞殺)

고란살	**甲寅 乙巳 丁巳 戊申 辛亥**

신음살(呻吟殺), 고독살이라고도 한다. 여명에만 해당하는 일주이다. 甲寅 乙巳 丁巳 戊申 辛亥

이 날에 출생한 여명은 남편과 생사이별을 하고 독수공방을 하거나, 남편이 첩을 얻어 남편으로 인하여 신음하게 된다. 하지만 관성이 용,희신이면 훌륭한 남편을 두고, 흉신이면 본래의 작용이 있다.

12) 곡각살(曲脚殺)

곡각살	己 乙 巳 丑

손과 발에 흠이 있는 작용으로, 흉살과 복합추론한다.

13) 고신살(孤辰殺), 과숙살(寡宿殺)

출생년	亥子丑	寅卯辰	巳午未	申酉戌
고신살(남)	寅	巳	申	亥
과숙살(여)	戌	丑	辰	未

고신살은 남명에만 해당하고, 고진살이라고도 하며 부부간 불화가 많고 별거, 이혼, 사별이 많으니 상처살(喪妻殺)이라 한다. 과숙살은 여명에 해당하고, 상부살(喪夫殺)이라 한다.

. 부부간에 독수공방하는 날이 많다.
. 남명은 처가 질병에 시달리거나 이별한다.
. 여명은 남편과 생이별이나 사별한다.

14) 상문살(喪門殺).조객살(弔客殺)

주로 일지와 세운 연지와의 관계를 보는데, 사주 원국에서 성립이 될 경우에는 장례업 관련 일에 잘 어울린다.

세운 지지에서 전(전)3위는 상문살, 후(후)3위는 조객살이다.

상문살은 상복을 입는다는 살이니, 죽음이 드나드는 문으로 가족 중에 돌아가시거나, 가까운 주변인들이 돌아가신다.

조객살은 조문을 가는 살이다.

조객상문살이 있는 해에는 문상을 갔을 경우 귀신이 따라붙어서 몸이 아플수 있다. 부득이 문상을 다녀올 때는 굵은 소금을 뿌려서 귀신과 절연을 하는 방법도 전해지고 있다.

요즘은 의술이 발달하여 상문조객살의 적중률이 떨어진다. 상문 조객에 해당하는 육친이 심리적으로 불안하고 우울하거나 아플수 있다.

<상문살 조객살>

년지	子	丑	寅	卯	辰	巳	午	未	申	酉	戌	亥
상문	寅	卯	辰	巳	午	未	申	酉	戌	亥	子	丑
조객	戌	亥	子	丑	寅	卯	辰	巳	午	未	申	酉

4. 공망(空亡)

공망이란 12개의 지지와 10개의 천간이 각각 짝을 이루는
데, 천간 10개를 짝을 맞추고 나면 지지의 두 글자는 천간이
없다. 땅만 있고 하늘이 없게 되는 것으로 공망살(空亡殺)이
라고도 한다. 음기가 태양을 보지 못하니 꽃을 피우지 못하
는 격이고 허망하고 이루어짐이 적다고 보며, 속된 말로 공
(空)치고 망(亡)친다고 한다.

공망이 되는 해당 육친과는 인연이 약한 것으로 보며,
사주 통변에서 다각적으로 활용하게 된다.
길신(吉神)과 길일(吉日)이 공망이면 길함이 없어지고,
흉신(凶神)과 흉일(凶日)이 공망이면 그 흉함이 없어진다.

공망일에 중요사를 논하는 것은 좋지 않고, 송사에서는 상
대방의 공망일에 재판을 하면 상대보다 유리하다.
과거에는 연주로 대입을 했으나 요즘은 개인중심 시대라 일
지를 기준으로 한다. 공망인 육친이나 작용력에 대해서는 욕
심이나 기대는 하지 않고, 그 자체만으로도 감사하는
마음을 갖는 것이 좋다.

1) 공망의 구성

천간: 甲 乙 丙 丁 戊 己 庚 辛 壬 癸
지지: 子 丑 寅 卯 辰 巳 午 未 申 酉 戌 亥 에서
천간과 지지를 한 글자씩 묶으면 癸 뒤의 戌亥는 짝이 없다.
짝이 없는 두 글자 戌亥 는 공망이다.
. 甲子 순(旬)에서 癸酉까지는 戌亥가 공망이다.
. 甲戌 순(旬)에서 癸未까지는 申酉가 공망이다.
. 甲申 순(旬)에서 癸巳까지는 午未가 공망이다.
. 甲午 순(旬)에서 癸卯까지는 辰巳가 공망이다.
. 甲辰 순(旬)에서 癸丑까지는 寅卯가 공망이다.
. 甲寅 순(旬)에서 癸亥까지는 子丑이 공망이다.

〈공망표〉

	甲子	甲戌	甲申	甲午	甲辰	甲寅
	乙丑	乙亥	乙酉	乙未	乙巳	乙卯
	丙寅	丙子	丙戌	丙申	丙午	丙辰
	丁卯	丁丑	丁亥	丁酉	丁未	丁巳
육	戊辰	戊寅	戊子	戊戌	戊申	戊午
십	己巳	己卯	己丑	己亥	己酉	己未
갑	庚午	庚辰	庚寅	庚子	庚戌	庚申
자	辛未	辛巳	辛卯	辛丑	辛亥	辛酉
	壬申	壬午	壬辰	壬寅	壬子	壬戌
	癸酉	癸未	癸巳	癸卯	癸丑	癸亥
공망	戌亥	申酉	午未	辰巳	寅卯	子丑

2) 공망의 작용

(가) 궁에 따라-해당 궁과의 인연이 약하다.

. 연지공망: 물려받을 재산이 없고
　　　　　조상 덕이 없고, 유년시절이 힘들다.
. 월지공망: 부모형제의 덕이 없고, 고향을 떠나며,
　　　　　청년시절이 힘들다.
. 일지공망: 배우자의 덕이 없고, 가정이 불안하고
　　　　　중년시절이 힘들다.
. 시지공망: 자녀덕이 없고 말년이 공허하다.

(나) 육친에 따라-해당 육친과의 인연이 약하다.
① 비견공망: 형제, 친구, 동료의 덕이 약하다.
② 겁재공망: 동창, 동업자, 동기간의 우애가 약하다.
③ 식신공망: 활동력이 막히고, 자식운(여명)이 약하다.
④ 상관공망: 활동력이 막히고, 자식운(여명)이 약하다.
⑤ 편재공망: 부친덕, 재복, 남자는 여자복이 약하다.
⑥ 정재공망: 재물욕심이 없고, 남자는 처덕이 약하다.
⑦ 편관공망: 남자는 관,자식, 여자는 남자운이 약하다.
⑧ 정관공망: 남자는 관,자식, 여자는 남편운이 약하다.
⑨ 편인공망: 학업 중단이나, 사회적 인정이 어렵다.
⑩ 정인공망: 모친덕이 없고 학문으로 성공이 어렵다.

3) 방위공망

공망은 방위와 일진을 중요시한다.
일주의 공망인 방향에서는 무슨 일이든지 공치게 되고 막히
게 된다. 가령, 공망이 戌亥이면 서북쪽이 공망이므로 그 쪽
은 피하는게 좋다.

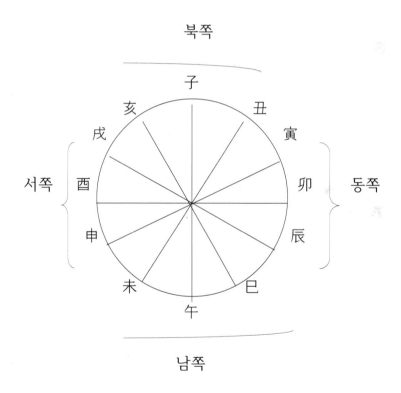

4) 운지법으로 공망 찾기

운지법으로 공망을 편리하게 찾을 수 있다.

(1) 왼손바닥에 12지지의 자리를 정한다. **고정이다.**
약지에서 子時를 시작하며, 시계방향으로 순행한다.

(2) 일주의 지지에서 시작하여 천간 癸까지 순행한다.
癸에서 멈춘다. 癸 다음의 두 지지가 공망이다.

가령, 戊寅일주라면
寅에서 戊부터 시작해서 천간 癸까지 순행한다.
癸未에서 멈춘다.
未 다음의 申酉가 공망이다.

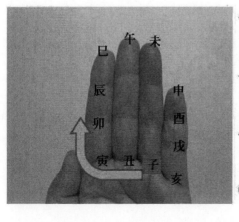

- 12지지 자리는 고정이고 천간이 움직인다.

- 일주에서 시작하여 천간 癸까지 순행한다.

- 癸 다음의 두 글자가 공망이다.

(역행시: 甲 다음의 두글자)

유쾌한 사주

9장   12운성(十二運星) 포태법(胞胎法)

오행을 인간의 삶에 비유하여 생로병사 과정을 설명한 것으로 오행 왕쇠의 상태를 나타낸다.

인간이 세상에 태어난 것을 장생(長生), 출생함과 동시에 **목욕**(沐浴,패敗)을 하고, 사춘기와 청년기의 과정을 거쳐 **관대**(冠帶), 성장해서 독립하는 것을 **건록**(建祿), 인생 일대의 전성시대를 **제왕**(帝旺), 점차 기울어져 쇠약해지니 **쇠**(衰), 늙어 병드는 것을 **병**(病), 병든 후 죽음에 이르는 것을 **사**(死), 죽은 후 무덤에 있는 것을 **묘고**(墓庫,장葬), 아무것도 없는 無의 상태를 **절**(絶,포胞), 다시 잉태됨을 **태**(胎), 모태에서 자라는 형상을 **양**(養)이라고 한다. 순서대로 암기하는게 좋다.

일간을 기준으로 지지에 대입한다. 해석시는 기세만을 참고하되, 양간은 적용하고 음간은 의견들이 분분하다.

찾는 방법은, 일간 양간은
전 계절의 역마(삼합의 첫글자)에서 장생부터 순행한다.
일간 음간은
다음 계절의 왕지(삼합 맨끝자의 한지지 앞:死)에서 장생부터 역행한다. 火土同法이다. (양간은 순행, 음간은 역행)

. 강한 기세: 장생(長生) 관대(冠帶) 건록(建祿) 제왕(帝旺)
. 중간 기세: 목욕(沐浴) 묘(墓) 태(胎) 양(養)
. 약한 기세: 쇠(衰) 병(病) 사(死) 절(絶)

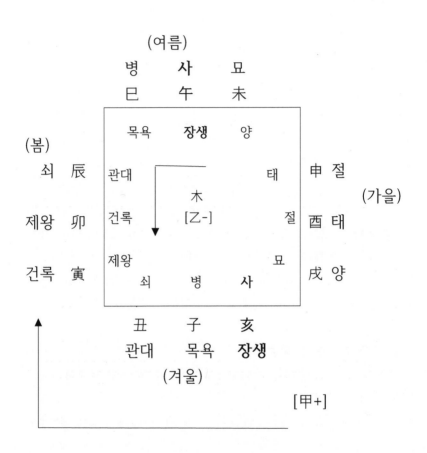

(여름)

병	**사**	묘
巳	午	未

(봄)

쇠	辰
제왕	卯
건록	寅

(가을)

申	절
酉	태
戌	양

목욕　**장생**　양

관대　　　　　태

건록　　木　　절
　　　[乙-]

제왕　　　　　묘
　쇠　병　**사**

丑	子	亥
관대	목욕	**장생**

(겨울)

[甲+]

예> 木 일간의 12운성 찾기:

甲: **양간은 전 계절의 시작인 역마 亥에서 장생을 시작**하여 순행한다.

乙: **음간은 다음 계절의 왕지인 午에서 장생을 시작**하여 역행한다.

〈12운성표〉   火土同法

＼	甲	乙	丙	丁	戊	己	庚	辛	壬	癸
長生	亥	午	寅	酉	寅	酉	巳	子	申	卯
沐浴	子	巳	卯	申	卯	申	午	亥	酉	寅
冠帶	丑	辰	辰	未	辰	未	未	戌	戌	丑
建祿	寅	卯	巳	午	巳	午	申	酉	亥	子
帝旺	卯	寅	午	巳	午	巳	酉	申	子	亥
衰	辰	丑	未	辰	未	辰	戌	未	丑	戌
病	巳	子	申	卯	申	卯	亥	午	寅	酉
死	午	亥	酉	寅	酉	寅	子	巳	卯	申
墓	未	戌	戌	丑	戌	丑	丑	辰	辰	未
絶	申	酉	亥	子	亥	子	寅	卯	巳	午
胎	酉	申	子	亥	子	亥	卯	寅	午	巳
養	戌	未	丑	戌	丑	戌	辰	丑	未	辰

가령, 壬水 일간이 지지에 亥子辰寅이 있을 경우, **水의 삼합
인 申子辰의 첫글자인 申부터 장생**으로 시작해서 순행하면
亥-건록, 子-제왕, 辰-묘, 寅-병 이 해당된다.
해당지지의 강약 기운을 보면 亥子는 건록과 제왕이니 강하
고, 辰은 묘이니 중간이고, 寅은 병이니 쇠약하다.

1) 장생(長生)

세상에 막 태어나는 순간이다.

12운성 가운데 최고의 길성(吉星)이다. 발전성 있고 의욕이 왕성하다. 대인관계가 원만하고, 대립보다 대화와 화친을 좋아한다. 진취적이고 활동적이며 성공이 빠르다.

2) 목욕(沐浴)

태어난 후 아기를 목욕시키고 새 옷을 입힘과 같다.

물에 들어갔다 나와야 하는 괴로움의 상태이니 울음과 슬픔, 곡절이 있다. 모태에서의 온도와 환경이 다르므로 추위와 불편함으로 고통을 당한다는 의미이다. 목욕의 기질은 이성문제가 있고 화려한 생활을 추구하고 낭비가 많다.

3) 관대(冠帶)

목욕의 때를 지나 사춘기와 청년기의 모습이다.

의관을 정제하고 진취적인 기상으로 독립, 독행하려는 기질이 강하다. 책임과 의무가 막중해 어떠한 고통과 역경이라도 개척한다. 자존심이 강하고 적극적이며 성공률이 높다.

4) 건록,임관(建祿,臨官)

청년으로 성장하여 사회에서 직업을 갖고 활동하는 과정이다. 자신의 세계를 이루어 감으로 독립적이며, 다른 사람의 간섭을 싫어한다. 자신만만하게 자신의 포부를 펼치는 형상이나 인덕이 없으므로 자수성가한다. 원리 원칙주의이며, 자존심이 강해 불의와 타협하지 않고 명예와 체면을 지킨다.

유쾌한 사주

5) 제왕(帝旺)

세상 물정에 통달해 능수능란하니 인생 일대의 전성시대이다. 강인한 정신력을 지녔으며, 강자에 대한 반항심이 있고 공익과 정의를 위해서는 물러섬이 없다. 단점으로는 독단으로 치우쳐 불화하기 쉽고, 남을 업신여기는 기질이 있으며, 어떠한 간섭이든 싫어한다.

6) 쇠(衰)

산전수전을 다 겪고 기운이 쇠진함과 같으니, 점차 기울어지고 의욕이 상실된다. 독립할 능력은 있을지 모르나 독자적이고 강한 지도력을 발휘하기는 어렵다.
조용한 분위기를 좋아하며 평화주의를 추구한다.

7) 병(病)

기운이 쇠하고 늙으니 병이 들어 노쇠하는 형상이다.
감상적이고 비판적이다. 따뜻하고 고요함을 좋아한다.
몸이 병약하고 부모와 생사 이별하는 수가 있으며,
성장 후에도 배우자와의 백년해로가 어렵다.

8) 사(死)

수명이 다하여 죽는 형태이다.
고요하고 수줍어하는 편이지만 성급한 면이 있어 쓸데없는 일에 고민을 하는 경우가 많다. 일의 분별력은 빠르고 예리해 모든 일을 미리 알아 예방해 나간다.
건강이 약하고 소극적이다.

9) 묘고(墓庫)

묘는 장(葬)이라고 한다. 죽어서 무덤에 들어가니 모든 것을 끝내고 거두어 들인다. 갈무리하여 창고에 저장되는 것이고, 하루가 끝난 후 다시 내일을 기다리며 다음 출생을 기다리는 것이니 안정된 상태이다. 부모형제운이 약하고 주거변동이 잦다. 걱정, 근심, 괴로움이 있으며 부부해로가 어렵다.

10) 절,포(絶,胞)

절은 포(胞)라고도 한다. 무(無)인 상태이면서 시작이 되는 곳이므로 새로운 변화가 일어나는 시점이다. 절의 기질은 지극히 수동적이며 음적(陰的)인 상태이므로 외부의 변화에 쉽게 흔들린다. 따라서 인정이 많아 마음고생을 한다. 새로운 시작을 두려워하고 현실에 안주한다.

11) 태(胎)

부정모혈(父精母血)을 받아 잉태되는 상태이다.
준비된 상태이고, 양육과 보호를 받으므로 희망적이고 발전적이다. 동정받는 것을 좋아하고 의타심이 많다. 스스로 이루려는 독립성과 주도성이 약하며 이성문제로 구설이 많다.

12) 양(養)

잉태된 생명이 어머니의 뱃속에서 자라나는 형상이다.
아무런 간섭 없이 안정과 보호 속에서 성장하는 과정이니 일의 시작을 말하며, 모든 일이 체계적으로 설계되는 상태이다. 마음이 어질어 봉사정신이 투철하지만 고난에 쉽게 좌절하고, 과단성과 패기가 부족하다.

〈오행의 사생왕고지(四生旺庫地)〉

사생지 四生地	寅	火土의 장생지	오행의 생지(生地) 역마살
	申	水의 장생지	
	巳	金의 장생지	
	亥	木의 장생지	
사왕지 四旺地	子	水의 왕지	오행의 왕지(旺地) 도화살
	午	火土의 왕지	
	卯	木의 왕지	
	酉	金의 왕지	
사고지 四庫地	辰	水의 무덤이며 창고이다.	오행의 고지(庫,墓) 화개살
	戌	火土의 무덤이며 창고	
	丑	金의 무덤이며 창고이다.	
	未	木의 무덤이며 창고이다.	

유쾌한 사주

10장 사주의 강약 판단

사주감정시 가장 기본이 되는 것은 일간의 상태를 아는 것이다. 일간의 강.약이 명확하게 구분이 되어야 용신을 정확하게 알아낼 수 있고, 앞으로의 운들을 예측할 수 있다.

일간이 강하면 신강한 사주이고 일간이 나약하면 신약한 사주이다. 신강하면 건강하고 주체적이고 능동적인 반면, 신약하면 건강이나 추진력, 경쟁력이 약하니 불리하다.

십성을 내 편과 남의 편으로 나누어 보자면
비견과 인성은 내 편이고, 식상 재성 관성은 남의 편이다. 내 편이 힘이 세면 남의 편을 취하고 다스릴 수 있지만, 내 편이 약하면 반대편에게 시달림을 당하게 된다.

강한 사주가 좀 더 유리함으로 신약사주는 평상시에 오행으로 기운을 보충하는 노력이 필요하다.
또한 행운에서 비겁 인성운에 힘을 얻어서 발복할 수 있다.

일간이 강하면 인성과 비겁은 도움이 안되고, 식상과 재성 관성은 도움이 된다.
일간이 약하면 인성과 비겁은 도움이 되고, 식상 재성 관성은 도움이 안된다.
도움이 안된다는 것은 불필요한 것이고, 그것 때문에 힘들게 되고, 그래서 凶하다고 한다.

유쾌한 사주

도움이 된다는 것은 그것이 사주에 필요한 것이고,
좋은 역할을 하는 것이고, 그래서 吉하다고 한다.
하지만 예외적인 경우도 많으므로 세밀하게 살펴야 한다.

일주의 강약은 주로 통근, 득령, 득지, 득세로 판단한다.
① 월지에 비겁이나 인성이면 강하고-득령
② 지지에 비겁과 인성이 많으면 강하고-득지
③ 사주 전체에 비겁과 인성이 많으면 강하다.-득세
④ 합충의 변화로 인해 약해질 수도 강해질 수도 있다.
⑤ 행운으로 인해 강,약이 변할 수도 있다. 행운이 비겁.인성
이면 힘을 받고, 식상.재성.관성이면 힘을 빼앗긴다.

● 다른 십성들을 추론할 때에도 위와 같다.
일간을 살폈던 것처럼 해당 십성을 '중심'으로 돕는 오행,
같은 오행, 극하는 오행 등을 살펴서 추론한다.

가령, 재성을 볼 경우
. 재성이 간지에 뿌리를 내려서 튼튼하고 재성을 돕는
 식상이 건강하면 재성이 좋다.
. 재성이 강하다면 문제 없지만 약하다면 행운에서
 식상과 재성운이 오면 재성이 힘을 받는다.
. 재성이 강하면 관성을 생한다. .재성이 왕하면 인성을
극한다. 재성이 충이면 흉하다.
. 재성이 태왕해서 재성에 종할 경우는 식상과 재성이
 좋고, 재성을 극하는 비겁과 비겁을 돕는 인성은 흉하다.

1. 왕상휴수사(旺相休囚死)

사계절은 절기가 완전히 이루어지면 물러나듯이 오행도 같은 원리를 따른다. 양이 극에 도달하면 다시 하강하고, 음이 극에 달하면 상승한다. 세력이 쌓이면 반드시 손상하고, 재산이 모이면 흩어지고, 왕성한 것은 쇠하고, 얻었다면 잃는다.

오행은 계절에 따라 왕하고(旺), 힘을 받고(相), 쉬고(休), 공격을 했으니 갇히고(囚), 물러나 존재가 없어지니(死) 이것을 旺相休囚死라고 한다. 木(甲乙寅卯)은 봄에 왕하고, 火(丙丁巳午)는 여름에 왕하고, 金(庚辛申酉)은 가을에 왕하고, 水(壬癸亥子)는 겨울에 왕하고, 土는 환절기에 왕하다.

<旺相休囚死>

	春 木 寅 卯	夏 火 巳 午	秋 金 申 酉	冬 水 亥 子	四季 土 辰戌丑未
木 甲乙	旺	休	死	相	囚
火 丙丁	相	旺	囚	死	休
土 戊己	死	相	休	囚	旺
金 庚辛	囚	死	旺	休	相
水 壬癸	休	囚	相	旺	死

旺: 비견 겁재   相: 정인 편인   休: 식신 상관
囚: 정재 편재   死: 정관 편관

2. 통근(通根)

천간이 지지에 비겁으로 뿌리 내리는 것이다.
일간이 지지에 통근을 하면 신강할 수 있고, 용신이나 희신이 통근이 잘 되면 유리하다. 반대로 기신이나 흉신이 통근을 강하게 하면 흉한 작용이 강하게 된다.
사왕지인 子午卯酉에 통근하는 것이 가장 강하고
각각 **방위합과 삼합에 통근을 한다.**

〈오행의 통근〉

천간	오행	통 근
甲 乙	木	寅 卯 辰 亥 未
丙 丁	火	巳 午 未 寅 戌
戊 己	土	巳 午 未 辰 戌 丑
庚 辛	金	申 酉 戌 巳 丑
壬 癸	水	亥 子 丑 申 辰

방위합과 삼합의 비겁에 통근한다.

* 甲乙木이 子에게, 丙丁火가 卯에게, 庚辛金이 辰未에게, 壬癸水가 酉에게는 지장간에 그들 본성의 기운이 속해있지 않으므로 **통근했다고는 하지 않고 생부를 받는다고 한다.**

유쾌한 사주

3. 득령(得令)

일간의 출생월이 인수월이나 비겁월이면 월령에서 기를 얻었다고 하여 득령이라고 한다.
일간이 자신의 계절을 만나 生하는 것으로 木일간이 水木月에, 火일간이 木火月에, 土일간이 火土월에, 金일간이 土金月에, 水일간이 金水月에 출생하는 것이다.

월령은 세력의 중심으로 사주를 이끌고 나가는 주체가 되므로 일주뿐만 아니라 다른 모든 천간과 지지도 대입하여 생극할 수 있다.

일간이 월령을 얻지 못하면 실령(失令)이라고 하는데 일간이 월지와의 관계에서 일간을 설기하는 식상이나 일간을 극제하는 재성이나 관성이 있을 때이다.
득령하면 1차적 신강의 요건이 되고, 실령하면 1차적인 신약사주의 요건이 된다.

득령, 득지, 득세의 조건들을 골고루 갖추고, 또한 두 조건 이상만 얻어도 신강한 사주가 될 수도 있다.
또 일간을 기준으로 모든 조건에서 비슷한 세력으로 신강, 신약의 판단이 어려울 때에는 월령을 기준으로 하거나, 천간에 투간한 오행 중에 지지에 통근을 더 강하게 한 간이 일간을 생하면 신강이 되고 극제하는 오행이 더 통근을 강하게 하면 신약사주로 분석할 수 있다.
또한 강약의 기운이 비슷한 사주는 행운에서 들어오는 기운에 따라 강약이 변할수도 있으니 세밀히 살펴야 된다.

. 득령은 일간이 월지에서 인성과 비겁의 기를 득했다는 것
  으로 득시(得時)라고도 한다.

<오행의 득령>

일간	오행	득령(月地)
甲乙	木	亥 子 寅 卯
丙丁	火	寅 卯 巳 午
戊己	土	巳 午 辰 戌 丑 未
庚辛	金	辰 戌 丑 未 申 酉
壬癸	水	申 酉 亥 子

인성월과 비겁월에 득령한다.

<득령>

時	日	月	年
戊	壬	癸	戊
申	戌	**亥**	子

壬水 일간이 亥水月에 태어나 비겁으로 득령하였다.

<실령>

時	日	月	年
壬	乙	戊	丙
午	未	戌	辰

乙木 일간이 戌月에 태어나 실령하였다.

4. 득지(得地)

득지란 일간이 지지에 비겁을 얻는 것이다.
득지하면 유근(有根)이라고도 하고, 득지를 못하면 무근(無根),실지(失地), 무기(無氣)라고 한다. 득지하면 강해지고 실지하면 약해진다. 가장 강력한 월지를 살핀 후, 일지, 시지, 월간, 시간, 연지, 연간 순으로 세력을 살핀다.

〈오행의 득지〉

천간	오행	득 지
甲 乙	木	寅 卯 辰 亥 未
丙 丁	火	巳 午 未 寅 戌
戊 己	土	巳 午 未 辰 戌 丑
庚 辛	金	申 酉 戌 巳 丑
壬 癸	水	亥 子 丑 申 辰

방위합과 삼합의 비겁에 득지한다.

```
        <득지>
     時   日   月   年
     丁   甲   辛   壬
     卯   辰   亥   午
-----------------------------
    [甲] [乙]  戊   丙     <-- 지장간
          癸  [甲]  己
    [乙]  戊   壬   丁
```

甲木 일간이 지지와 지장간에 비겁을 많이 얻어 득지를 하였다.

---

5. 득세(得勢)

 원국의 전체 간지에서 일간을 생조하는 **인성과 비겁이 많으면 득세했다**고 한다.
다른 간지들로부터 생부를 받지 못하면 실세(失勢)라고 한다. 득세하면 강해지고 실세하면 약해진다.

<오행의 득세>

일간	오행	득 세
甲乙	木	壬癸甲乙　亥子寅卯
丙丁	火	甲乙丙丁　寅卯巳午
戊己	土	丙丁戊己　巳午辰戌丑未
庚辛	金	戊己庚辛　辰戌丑未申酉
壬癸	水	庚辛壬癸　申酉亥子

인성과 비겁에 득세한다

```
      <득세>
    時   日   月   年
    甲   丙   甲   戊
    午   寅   寅   戌
```

 丙火 일간이 비겁과 인성을 많이 얻어서 득세하였다.

---

6. 합충의 작용으로 변함

沖하면 약해질 확률이 높고,
合의 경우는 합한 세력이 비겁 인성이면 강해지고, 식상 재
성 관성으로 변하면 약해진 수 있으니 사주의 짜임새를 잘
살펴야 된다.

〈合으로 강해짐〉

時	日	月	年
辛	丙	癸	庚
卯	申	未	午

丙火 일간이 未月에 실령하였으나, 지지 연월의
午未合으로 火局이 형성되고, 시지와 월지가 卯未 木局반합
국을 하려하니 신강하게 되었다.

〈沖으로 약해짐〉

時	日	月	年
己	丙	甲	丙
亥	子	午	戌

丙火 일간이 午月에 득령하여 신강할 수 있으나
일지와 월지가 子午沖을 하니 신약하게 되었다.

7. 행운의 작용

   강약의 차이가 크지 않은 사주는 행운의 영향으로
일정 기간 동안 강해지거나 약해질 수가 있다.
행운에서 비겁 인성운이 오면 강해지고, 식상 재성 관성운이
오면 약해짐으로, 여덟 글자만 놓고 분석하지 말고
대운과 세운까지 12글자를 모두 놓고 분석해야 된다.

         時   日   月   年
         辛   壬   甲   壬
         亥   辰   辰   寅

76 66 56 46 36 26 16   6   대운
丙   丁   戊   己   庚   辛   壬   癸
申   酉   戌   亥   子   丑   寅   卯

   壬辰일주가 辰月에 生하여 약간 강한데
26, 36대운에 金水가 강하게 들어오니 신강해졌다.
특히 庚子대운과 세운 甲申年에는 申子辰 水局을 이루어 水
多에 의한 어려움이 있다.

8. 강약으로 본 사주 구분

사주가 신강하거나 신약해도 정도의 차이가 다르다. 강약의 정도가 다르므로 일률적으로 적용하면 안되고, 신강한지, 너무 신강한지, 약한지, 너무 약한지 등의 정도를 세밀하게 분석해야 되는데 몇가지로 분류를 해 보겠다.

1. 신강사주

. **최강사주**: 득령, 득지, 득세하여 타 간지가 대부분 인성과 비겁으로 구성되어서 태강한 오행을 거역할 수 없으므로 강성한 오행을 따라 종(從)한다.
비겁에 종하면 종왕격, 인성에 종하면 종강격이다.

〈최강 사주 종왕격〉

時	日	月	年
壬	丙	丙	丁
寅	午	午	巳

丙火 일간이 득령, 득지, 득세로 일간이 매우 강하다. 시지 寅木은 火의 기세를 돕고, 시간의 壬水는 뿌리가 없어 전체 기운인 火를 따른다. 木火土운은 吉하고, 金水는 凶하다.

〈최강 사주 종강격〉

時	日	月	年
己	戊	丁	戊
巳	辰	巳	午

戊土 일간이 득령, 득지, 득세하여 인수와 비겁으로 이루어져 종강격이다. 火土운이 吉하고 金水는 凶하다.

. **중강사주**: 득령, 득지, 득세하지만 종격은 되지 않는 사주

〈중강 사주〉

時	日	月	年
丁	戊	乙	癸
巳	寅	丑	卯

戊土 일간이 丑月에 월령을 얻고 시주에서 丁巳 인성의 힘을 받으니 강하다. 金水운이 吉하고 火土는 凶하다.

. **신강사주**: 득령, 득지, 득세를 한 신강사주

〈신강 사주〉

時	日	月	年
戊	丁	壬	庚
申	卯	午	午

丁火 일간이 午월에 득령하고 일지에서도 生을 받으니
강하다. 土金水운이 吉하고 木火는 凶하다.

. **경신강사주**: 득령,득지,득세의 일부를 얻어 약하지 않은 사주

〈경신강 사주〉

時	日	月	年
辛	壬	甲	壬
亥	辰	辰	寅

壬水 일간이 辰月출생이나 월지와 일지에 辰중 癸水가 뿌리가 있고, 시주에서 생을 받으니 경신강 사주이다.

2. 신약(身弱)사주

. **경신약(輕身弱)사주**: 일간이 득령, 득지, 득세 중 어느 정도
　　　　　　　　　득세를 한 경우로 약간만 신약한 사주

〈경신약 사주〉

時	日	月	年
辛	壬	己	戊
亥	申	未	午

壬水 일간이 未月에 실령이나, 일지와 시주의 세를 얻어
약간 신약하다. 金水운이 吉하고 행운을 잘 살펴야 한다.

. **신약사주**: 일간이 득령, 득지, 득세 중 일부를 득하였으
　　　　　나 대부분 세를 잃어 일간이 약한 사주

〈신약 사주〉

時	日	月	年
甲	戊	己	辛
寅	申	亥	未

戊土 일간이 실령하고 일주와 시주에서 힘을 받지
못하니 신약하다. 火土운에 吉하고 金水木에 凶하다.

. **태약사주**: 득령, 득지, 득세 중 극히 일부를 득한 사주

〈태약 사주〉

時	日	月	年
丁	庚	戊	乙
亥	午	子	未

庚金 일주가 실령하고 실지하고 실세하여 극히 약하다.
土金 운이 吉하고 水木火는 凶하다.

최약사주: 일간이 실령, 실지, 실세하여 의지할 곳이 전혀 없으면, 자신을 버리고 가장 왕한 오행을 따라 종한다. 종아격, 종재격, 종살격이 있으며, 식상에 종하면 종아격, 재성에 종하면 종재격, 관살에 종하면 종살격이다.

〈최약 사주 종아격〉

時	日	月	年
戊	甲	丙	壬
午	戌	午	午

甲木 일간이 실령하고 온통 火局을 이루니 火세를 따라 종아격이 되었다. 火土운은 吉하고 水木은 凶하다.

9. 조후(調候)가 필요한 사주

 사주에도 기후가 있다. 사주의 강약도 중요하지만 사주가
너무 차거나 뜨거우면 오행의 균형이 깨져서 발복이 어렵다.
 기후를 맞추어 주는 것을 조후라고 한다. 여름에 너무 더
울 때는 햇볕과 높은 온도에 괴롭고, 겨울에 너무 추울 때는
만물이 얼어서 성장발육이 또한 어렵다. 너무 더울 때는 그
늘과 냉방을 동원해서 더위를 피하고, 너무 추울 때는 보온
함으로 추위를 막아낸다. 냉난방이 쾌적해야 삶이 편안하다.

 木火기운이 많아 더울 때는 金水로 식혀주고,
金水가 많아서 추울 때에는 木火로 보온한다.
木火는 따뜻한 것으로, 金水는 한랭한 것으로 분류한다.
土는 습토(濕土)와 조토(燥土)로 나누는데
지장간에 癸水가 있는 丑土와 辰土는 축축한 습토로,
丁火가 있는 未土와 戌土는 따뜻한 조토로 분류한다.

<한랭한 사주>

時	日	月	年
丙	乙	壬	辛
子	亥	辰	丑

乙木 일간이 진월에 출생하였으나 전반적으로 축축하니
火의 기운이 필요하다.

〈조열한 사주〉

時	日	月	年
丙	戊	丙	壬
辰	寅	午	戌

戊土일간이 火土가 너무 많아 조열하다.

土金水가 吉하고 木火는 凶하다.

〈한랭한 사주〉

時	日	月	年
丁	庚	丁	庚
丑	申	亥	子

庚金 일간이 亥월에 출생하여 金水가 많아 축축하다.

木火운에 吉하고 金水는 凶하다.

〈조열한 사주〉

時	日	月	年
丙	丁	丙	丁
午	丑	午	酉

丁火 일간이 火가 너무 강왕하여 조열하다.

金水운이 吉하고 木火는 凶하다.

11장 용신(用神)

1. 용신의 정의 및 요건

용신이란 일간에 가장 필요한 오행이다.
일주를 위해 무조건 충성하는 제1의 도우미이다.
자동차의 주인이 일주라면 운전기사는 용신이 된다.
행운이 용신을 도우면 吉하고, 용신을 극하면 凶하다.

약한 것은 부조하는 것이 용신이고,
부조함이 지나친 경우에는 그 부조를 억제하는 것이 용신이고, 부조함이 모자라는 경우에는 그 부조를 부조하는 것이 용신이다.
강한 것은 억제하는 것이 용신이고 억제함이 너무 지나치면 그 억제를 억제하는 것이 용신이고 억제함이 모자랄 경우에는 그 억제를 부조하는 것이 용신이다.

가령,
水가 약하면 金으로 부조해야 하는데
金의 부조가 지나치면 火로 金을 억제하고, 金의 부조가 약하면 土로 金을 부조한다.

水가 강하면 土로 억제를 해야 되는데
土의 억제가 너무 강하면 木으로 土를 억제하고
土의 억제가 부족하면 火로 土를 부조한다.

. 용신은 튼튼해야 좋다. 통근, 득지, 득국함이 吉하다.
. **지지에 뿌리를 두고 천간에 투출된 것이 가장 좋다.**
. 연,월 보다는 일,시에 있는 것이 좋다.

. 용신이 없는 사주는 없으며 사주 내에서 정한다.
. 용신을 생조하면 길운이 되고 피상되면 흉운이 된다.
. 오행이 일기로 된 사주는 생하는 것도 설기하는 것도
  용신이 될 수 있다.

. 용신이 대운과 세운에서 병살되면 생명이 몰(沒)한다.
. 용희신 운에서 발복을 하고 기구신 운에서는 고생한다.
. 용신을 잘 찾아내는 것이 중요하고, 운의 흐름을 잘 타
고 가는 것이 유익하다.

용신(用神): 일간에게 가장 필요한 오행(藥神)
희신(喜神): 용신을 도와주는 오행
기신(忌神): 용신을 극해하는 오행(病神)
구신(仇神): 기신을 돕는 오행
한신(閑神): 용신이나 일간에 무해무덕한 오행

用(쓸 용)   喜(기쁠 희)   忌(꺼릴 기)   仇(원수 구)
閑(한가할 한)   抑(누를 억)   扶(도울 부)

2. 용신과 사주와의 관계

① 용신이 연주에 있으면, 조부모님이 덕망 있고,
부족함이 없는 집안에서 태어나 초년기가 유복하다.
어려울 때나 좋을 때나 조상을 기리는 것도 좋다.

② 용신이 월주에 있으면, 부모형제가 훌륭하고 덕이
있고, 청년기가 유복하다.

③ 용신이 일주에 있으면, 본인이 현명하고 잘 났으며,
좋은 배우자를 만나 부부관계가 좋고, 중년운이 좋다.

④ 용신이 시주에 있으면, 자식이 귀하고 번창하고
효자를 두게 되고, 말년운이 좋다.

⑤ 비겁이 용신이면 친척, 형제, 배우자, 동료, 동창생 등의
인덕이 많다. 공공사업, 정당, 조합, 인류학, 군.경찰, 공관직,
혼자가 아닌 여러 사람과 함께 하는게 좋다.

⑥ 식상이 용신이면, 자식과 후배덕이 좋으며, 먹을 복과 인
덕이 많고 기술력이 좋다. 교육, 언론, 어학, 예능, 약사, 의
료업, 생산, 제조, 에너지, 발명 등에서 능력발휘가 높다.

⑦ 재성이 용신이면 처덕이 좋고 부친덕이 많으며 편재는
횡재수가 있다. 재정계, 재무부, 은행, 금융업, 경리부, 정치,
사업가 등에서 능력발휘가 높다.

⑧ 관성이 용신이면 직업운이 길하고 법, 관공직, 정치, 행정관료쪽이 유리하고 여자는 남편이 훌륭하고 남자는 훌륭한 자식을 두게 된다.

⑨ 인성이 용신이면 부모와 상사의 덕이 많고, 성품이 어질고 인자하며 정직한 학자풍이다. 문서나 계약운이 좋고, 학문, 학자, 교사, 연구직, 공무원, 행정직, 지식산업 등에 유리하다.

⑩ 부모운은 월주를 기준으로 길.흉신을 따져 보거나 부친은 재성으로 모친은 인수를 살핀다. 정인이 모친이고 편재가 부친이지만, 정인과 편재가 없으면 인성을 모친으로, 재성을 부친으로도 본다.

⑪ 형제운은 비견과 겁재의 길.흉신으로 본다.
비견은 일주와 동병상련하는 관계로 불가분의 관계이다.
사회로는 이웃과 친구도 해당되기 때문에 비겁이 용신인 사람은 많은 사람들과 잘 지내는 것이 좋다.

⑫ 배우자운은 일지를 배우자궁으로 보고 남자는 편재, 정재를 처로, 여자는 정관, 편관을 남편으로 본다.
일지는 배우자 궁이므로 일지와 용신의 관계가 생조하는 관계이면 남녀 공히 배우자 덕이 있게 되며, 일지가 형충공망 등 흉살이면 배우자가 허약하거나 성격이 나쁘다.

⑬ 재자약살(財滋弱殺)인 남자는 결혼하여 아내를 얻으면서 운이 풀려 재물이 늘어나게 되고 아내 덕으로 출세를 하게 된다. 인수용재(印綬用財)인 남자는 인수가 너무 왕하여 재의 억제함이 필요하니, 이 역시 배우자를 만나면 부자 될 가능성이 높다. 식상생재(食傷生財)의 남자도 마찬가지다. 정재와 편재가 혼잡한 사주는 여자관계가 복잡하여 결혼 후에도 이성관계가 복잡할 수 있다.

⑭ 관성이 용신에 해당하는 여자는 남편이 훌륭하고 능력있는 사람이다. 일지와 관성, 용신이 서로 생조하는 관계이면 매우 능력있는 배우자를 만나고 덕이 본다.
식상이 태왕하면 관을 극하므로 남편운이 흉하게 된다.
여자의 명에서 관성이 투출되지 않고 암장되어 있으면 남자를 무시하거나 혐오하고 독신을 추구하며, 관살이 혼잡되면 이성문제가 발생할 수 있다.

⑮ 남자의 경우 관성이 용신이면 자식이 귀하고 자식덕을 보게 된다. 시주가 용신이나 희신일 경우 자녀덕이 있어 효도를 받게 되며 기신이나 흉신이면 자녀로 인한 고생을 면키 어렵다.

⑯ 남녀 모두 재성으로 재물복을 논한다.
재성이 뿌리가 있어 튼튼하고 생조를 잘 받으며, 재성에 이로운 행운이 오면 재물복이 좋다. 신약사주가 재물운은 커지고 일간이 약해지면 큰 돈이 들어오고 건강이 나빠진다.

3. 용신 취용법

① 일간의 강약을 구분할 수 있어야 한다.
② 신강하면 관성, 재성, 식상으로 유출시키고
　신약하면 인성과 비겁으로 생부한다.
③ 양간이 강할 때는 관살로 극함이 가장 좋고,
　약할 때는 인성이 좋다.
④ 음간이 강할 때는 식상의 설기가 가장 좋고,
　약할 때는 겁재의 조력이 가장 좋다.

⑤ **서로 반대되는 세력이 있을 때는** 두 가지를 병행해서
사용하지 못하고 한 가지만 취한다.
가령 金일주가 신왕할 경우에 水도 있고 火도 있으면 水로
설기하고 火로 극제하면 좋지만, 사주의 세력을 봐서 둘 중
하나를 선택해야 한다. **水와 火를 동시에 용신으로 삼지는
못한다.(兩神倂立不倂用양신병립불병용)**

⑥ 봄,여름(寅卯辰巳午未월)에 生하여 火土가 많고 水가
없으면 조열한 것이 병이 되니 水가 약이 된다.
　여름생이 水가 없으면 사주에 윤기가 없어서 좋지 않다.
　가을,겨울생(申酉戌亥子丑월)은 火가 없으면 냉하여
　만물이 성장하기 어렵다.
⑦ 일주가 완전히 무근, 무기력해서 신태약 할 때는
　사주 내의 가장 왕한 오행이 용신이다.(從)
⑧ 용신에 따라서 추구하는 특성이 있다.
　관성-귀(貴), 재성-부(富), 식상-희생, 인수-명예, 비겁-자신

　　　　　　　　　　　　　　유쾌한 사주

⑨ 많으면 제거하고, 적으면 보충한다.
. 인성이 많아서 신강하면 인성을 제거해야 한다.
  인성을 극하는 재성이 용신이다.
. 비겁이 많아서 신강하면 비겁을 제거해야 한다.
  비겁을 극하는 관성이 용신이다.
. 식상이 많으면 식상을 제거하는 인성이 용신이다.
. 재성이 많으면 재성을 극하는 비겁이 용신이다.
. 관성이 많으면 관성을 극하는 식상이 용신이다.

. 식상이 많아서 신약하면 인성, 비겁 순으로 정한다.
. 재성이 많아서 신약하면 비겁, 인성 순으로 정한다.
. 관성이 많아서 신약하면 인성, 비겁 순으로 정한다.
  하지만 이 공식도 사주의 구성에 따라 달라질 수 있다.

\	상 태	용 신
신강 사주	인성이 많을 경우	①재성 ②식상 관성 ③종강격
	비겁이 많을 경우	①관성 ②식상 재성 ③종왕격
신약 사주	식상이 많을 경우	①인성 ②비겁 ③종아격
	재성이 많을 경우	①비겁 ②인성 ③종재격
	관성이 많을 경우	①인성 ②비겁 ③종살격

4. 용신(用神)의 분류

사주 구성상 용신의 명칭이 있다. 억부용신법, 조후용신법, 병약용신법, 통관용신법, 종화용신법 등이 있다.
병약용신법과 통관용신법은 억부용신법으로도 볼 수 있다.

1. 억부용신법(抑扶用神法)

가장 많은 유형으로, 일간의 강약을 살핀다.
일간이 강하면 관성 재성 식상 중에서 용신을 정하여 **왕한 기운을 억제(抑制)하거나 설기하고, 일간이 약하면 인성이나 비겁으로 일간을 부조(扶助)하는 방법이다.**

가령, 일주가 木으로서 강한 경우는 金으로 억제하고, 金의 억제가 태과(太過)하면 火로써 金을 억제하고(食傷制殺), 金의 억제가 미치지 못하면 土로써 金을 부조한다.(財滋弱殺) 木의 기운이 약할 경우에는 水로 부조한다. 만약 水가 태과하면 土로써 水를 억제한다.

<억부 용신>

時	日	月	年
乙	乙	乙	癸
酉	巳	卯	卯

乙木 일간이 득령했고 득세하여 강하다.
일지와 시지의 巳酉 金局이 왕한 일주를 극제한다.

유쾌한 사주

2. 조후용신법(調候用神法)

木火일주가 여름 출생이거나, 金水일주가 겨울 출생이면 기후라는 주변환경에 의해 발복이 되지 않거나 힘들다.
사주가 火로 치우쳐 **건조하면 水로써 화기를 조절하고, 水로 치우쳐서 습랭하면 火로써 온난하게 해준다. 기후를 맞추는 것이 조후용신법(調候用神法)이다.**

甲乙丙丁戊는 온난하고 己庚辛壬癸는 한랭하다.
寅卯巳午未戌은 조열하고 亥子丑辰申酉는 한습하다.
천간에 甲乙丙丁戊가 있을 때에 지지에 寅卯巳午未戌이 있으면 조열한 것에 가깝고, 천간에 己庚辛壬癸가 있을 때에 지지에 亥子丑辰申酉가 있으면 춥고 습하다.
한습할 때는 丙戊가 가장 좋고, 조열할 때는 癸庚이 좋다.

火가 강할 때는 水로 火를 제압하면 되지만,
火가 너무 강하면 辰丑의 습토나 金을 동반한 水가 좋다..

水가 강할 때는 火로 水를 제압하면 되지만,
水가 너무 강할 때는 未戌의 건토나 木을 동반한 火가 좋다.

〈조후 용신〉

時	日	月	年
丙	庚	壬	壬
子	寅	子	子

金水로 한랭하여 조후가 급선무다. 시상 丙火가 일지 寅木에 뿌리를 내리고 보온하니 시상 丙火가 조후용신이다.

　　　　　　　　　　　　　　　　　　유쾌한 사주

3. 통관용신법(通關用神法)

두 개의 오행이 비슷한 세력으로 극을 하는 상황에서는 그 막힌 오행을 소통시키는 것을 통관용신법이라고 한다. 水火가 대립하고 있을 때는 木이 통관용신이고, 金木이 대립할 때는 水가 통관용신, 木土가 대립할 때는 火가 통관용신, 火金이 대립할 때는 土가 통관용신, 土水가 대립할 때는 金이 통관용신이다.

〈통관 용신〉

時	日	月	年
丙	丁	壬	壬
午	**卯**	子	辰

丁火 일간이 水와 火의 기세로 대립하고 있는 중 일지의 卯木이 水生木 木生火로 소통을 시키고 있다.

〈통관 용신〉

時	日	月	年
戊	戊	乙	癸
午	寅	卯	卯

戊土 일간이 木과 土가 상쟁하는 중 시지의 午火가 木生火 火生土로 통관을 시키고 있다.

유쾌한 사주

4. 병약용신법(病藥用神法)

사주 내에 지나치게 많거나 또는 없느니만 못한 것은 병이 된다. 이 병을 제압해서 제거하는 것을 약(藥)이라고 하며, 이것을 병약용신법이라고 한다.

〈병약 용신〉

時	日	月	年
甲	甲	戊	己
寅	辰	辰	未

土가 많아서 병이 되고 있다. 시주에서 甲寅木이 왕한 土를 木剋土로 극제한다. 시상의 甲木이 약신 용신이다.

5. 종화용신법(從化用神法)

오행이 한쪽으로 치우쳐 있으면 강한 세력을 따라 종(從)하거나 종세(從勢)하는 용신법이다.

〈종강격〉

時	日	月	年
丁	戊	丁	戊
巳	辰	巳	午

戊土 일간이 득령하고 전체적으로 비겁,인수가 많아 종강격이 되었다. 火土운이 吉하고 金水는 凶하다.

12장   격국(格局)용신법

격국이란 사주그릇의 크기와 부귀빈천의 무게를 가늠할
수 있는 짜임새를 말한다. **월지를 중심으로 정하며**, 사주의
구조로 격명을 찾고 합당한 용신을 정한다.

격(格)국용신법에는 내격(內格)과 외격(外格)이 있다. 내격은
정격(正格), 외격은 변격(變格)이라고도 한다.
정격은 정상적으로 격이 이루어지는 것이고, 변격은 오행의
세력이나 기세를 보면서 판단하는 것이다.

정격에는 식신격(食神格) 상관격(傷官格) 편재격(偏財格)
정재격(正財格) 편관격(偏官格) 정관격(正官格) 정인격(正印格)
편인격(偏印格) 건록격(建祿格) 양인격(羊刃格,겁재격)이 있고
변격은 정격을 제외한 나머지 것들을 말하며
종격, 일행득기격, 화격, 양신성상격, 신살양정격 등이 있다.

격(格)을 정하는 원칙은
첫째, 월지에 암장된 <u>정기(본기)가</u> 천간에 투출하면 그 투출
한 천간을 일간대비 육신의 명칭으로 격명을 정한다.
둘째, 월지에 암장된 <u>정기</u>가 천간에 없으면 <u>중기, 여기</u> 순으
로 투출된 것을 정하고,
셋째, 투출된 것이 없다면 월지의 정기를 격으로 정한다.
넷째, 사주 내에서 합국을 이루었거나 강왕한 오행을 격으로
정할수도 있다. 월지 子午卯酉는 바로 격으로 정할 수 있다.

1. 정격(正格)

1. 정관격(正官格)

월지에 암장된 정기가 월간, 시간, 연간에 투출하고 일간과 대비하여 정관이면 정관격이 된다. 정기가 투출하지 않고 중기나 여기가 투간 되었어도 격으로 삼을 수 있고, 투출된 지장간이 없다면 월지의 본기를 격으로 정한다.

. 정관격이 신강하며 식상이 많으면 재성을 취용한다.
. 정관격이 신강하며 인성이 많으면 재성을 취용한다.
. 정관격이 신강하며 비겁이 많으면 관성을 취용한다.
. 정관격이 신약하며 관살이 많으면 인성을 취용한다.
. 정관격이 신약하며 식상이 많으면 인성을 취용한다.
. 정관격이 신약하며 재성이 많으면 비겁을 취용한다.
. 인성을 겸하면 관인격, 재성을 겸하면 재관격이다.

〈정관격〉

時	日	月	年
辛	己	甲	戊
未	未	寅	辰

己土 일간이 월지 寅木에서 甲木이 투출하여 정관격이다. 실령했으나 득지하고 득세하여 신왕하고, 관왕하니 정관격이자 용신이다.

---

2. 편관격(偏官格)

  월지에 암장된 정기가 월간, 시간, 연간 중에 투출하고, 일간과 대비하여 육신이 편관이면 편관격이 된다.
정기가 투출되지 않고 중기나 여기가 투간 되었어도 격으로 삼을 수 있다. 투출된 지장간이 없다면 월지의 정기를 격으로 정한다.

. 편관격이 신강하며 관살이 많으면 식상을 취용한다.
. 편관격이 신강하며 인성이 많으면 재성을 취용한다.
. 편관격이 신강하며 비겁이 많으면 칠살을 취용한다.
. 편관격이 신약하며 관살이 많으면 인성을 취용한다.
. 편관격이 신약하며 식상이 많으면 인성을 취용한다.
. 편관격이 신약하며 재성이 많으면 비겁을 취용한다.
. 인성을 겸하면 살인격이고 재성을 겸하면 재살격이다.

주체성이 강하고 대범하며 조직생활을 잘한다.
편관격은 제(制)나 화(化)가 있어야 좋다.
편관이 너무 강하면 식신으로 제압해서 일간을 보호하거나 (食神制殺), 인성으로 관인상생(官印相生)하여 일간을 보호한다.

重(무거울 중)   滋(불을,번식할 자)   留(머무를 유)

〈편관격/살중용인격〉

時	日	月	年
辛	壬	戊	丙
丑	戌	戌	寅

壬水 일간에 戌月의 戊土가 투간하여 칠살격이다.

관살이 중복되고 일간이 신약할 때에 관살이 바로 일간을 극하지 않고, 인성을 생하면서 강왕한 관살의 기운을 설기하고 생 받은 인성이 일주를 도와주는 것이다.

관살 토가 일간을 극하지 않고 시간 辛金 인수를 생하고 신금 인수가 일간을 보호한다. 살중용인격(殺重用印格)

(살중용인격: 신약한 일간이 관살이 많을 때에 관살이 인성을 생하면서 인성이 일주를 도와주는 것)

〈편관격/재자약살격〉

時	日	月	年
庚	庚	丙	己
辰	申	寅	酉

庚金 일간이 실령했으나 득지하고 득세하여 신강하다.월지의 寅木은 약하고 金은 견고하니 丙火가 寅木을 보호하지 않으면 寅木은 왕성한 金에 파극될 것이다.

약한 丙火가 寅木 재성을 뿌리로 生받아서 火剋金을 할 수 있으니 재관(財官)이 서로 상부상조하는 격이다.

(재자약살격(財滋弱殺格): 용신인 관살이 약할 때에 재성의 도움을 받아서 관성이 튼튼해지는 것.)

유쾌한 사주

〈편관격/식상제살격〉

時	日	月	年
戊	丙	壬	壬
戌	戌	子	子

丙火 일간이 강하지 않은중 연월의 관살이 강하다.
일시의 식신인 土로써 관살인 水를 제압하여 일간을 보호한
다. 식상제살격(食傷制殺格)이다.
(식상제살격: 신약한 일간이 관살이 많을 때에 식상이 관살
을 제압하여 일간을 보호하는 것.)

〈편관격/합관유살격〉

時	日	月	年
壬	丙	戊	癸
辰	午	午	丑

丙火 일간이 조열한데 시간의 편관인 壬水가 辰土에 뿌리
를 내렸고, 연간의 정관인 癸水도 丑土에 뿌리를 내렸다. 정
관과 편관이 함께 있는 관살혼잡은 안좋다.

둘 중 하나를 제거하면 좋다.
연간과 월간에서 戊癸合으로 정관을 묶으니 작용이 정지되
고, 시간의 壬水가 편관의 역할을 훌륭하게 한다.
합관유살격이다. (合官留殺格: 관은 합하고 살은 남은 것.)

유쾌한 사주

〈편관격/관살혼잡격〉

時	日	月	年
癸	丙	壬	壬
巳	寅	子	辰

丙火 일간이 천간에 壬壬癸水로 관살혼잡이다.
왕한 살을(水) 설기하여 일간을 돕는 寅木 인수를 용신으로
쓰게 되었다. 살중용인격이다.
木火운에 吉하고 金水운에 凶하다.

〈편관격/제살태과격〉

時	日	月	年
壬	丙	戊	辛
辰	辰	戌	卯

丙火 일간에 네 개의 식상인 土가 하나의 관살 壬水를 극
하고 있다. 연지 卯木이 있으나 힘이 없어 살을 보호하기 어
렵다. 식상이 태과하여 관살이 힘을 못쓰니
제살태과격(制殺太過格)이다. 식상을 제어할 인성이 용신이
다. 인성은 식상도 극하고 일간을 부조하니 좋다.
(제살태과격: 관살을 극하는 식상이 너무 많은 것.)

混(섞을 혼)   雜(섞일 잡)   洩(샐 설)   氣(기운 기)

3. 식신격(食神格)

. 월지 암장에 있는 식신이 천간에 투출한 격을 말한다.
. 식신격은 아생자(我生者)로서 일주가 설기되어 일주가 약하므로 행운의 도움이 꼭 필요하다.
. 신강하면 복록이 많고, 먹을 복도 많고, 정의감과 도량이 넓으며, 칠살을 두려워하지 않는다.

. 식신격이 신강하여 재성이 많으면 관살을 취용한다.
. 식신격이 신강하며 비겁이 많으면 식상을 취용한다.
. 식신격이 신강하며 인성이 많으면 재성을 취용한다.
. 식신격이 신약하며 식상이 많으면 인성을 취용한다.
. 식신격이 신약하며 재성이 많으면 비겁을 취용한다.
. 식신격이 신약하며 관살이 많으면 인성을 취용한다.
. 식신을 쓰면 식신제살격, 재를 쓰면 식신생재격이다.

. 일간이 강하고 식신이 왕하고 재성이 있으면 평생 재화가 풍족하고 유복하다.
. 식신이 정재와 같이 있으면 봉급 생활자나 일정한 금액이 들어오는 직업이 좋다.

. 식신이 편재와 있으면 장사나 사업이 좋다.
. 식신이 고(庫) 중에 있으면 창고 속에 들어 있는 것이니 인색하기는 하나 재물은 풍부하다.
. 일간이 약하고 식신이 왕하면 다재다능하지만 말로써 손해를 많이 보고, 많이 배워도 제대로 결과를 못본다.

〈식신격〉

時	日	月	年
甲	壬	壬	辛
辰	午	寅	亥

壬水 일간이 寅月에 출생하여 寅중 甲木이 시상에 투간하니 식신격이다. 식신이 유기하여 총명하나 신약함이 문제이다. 金水운에 吉하고 火土는 凶하다.

〈식신격/식신생재격〉

時	日	月	年
乙	庚	辛	壬
酉	申	亥	寅

庚金 일주가 亥 중 壬水가 연간에 투간되어 식신격이다. 庚金은 신강하나, 관살이 없음으로 재성을 용신 삼아 식신생재격(食神生財格)이 되었다. 木火운에 吉하고 土金에 凶하다.
(식신생재격: 식신상관이 재성을 생해주는 것.)

4. 상관격(傷官格)

. 월지 암장의 투출된 정기가 상관일 때나, 상관 용신일 경우이다.

. 상관은 일주의 기를 설기하기 때문에 신왕해야 되는데 그 중에서도 인수와 균형을 이루고 있으면 인수가 상관을 극하여 상관의 나쁜 작용을 억제해 주므로 길하다.

. 상관격이 인성으로 신강하면 재성을 취용한다.
. 상관격이 비겁으로 신강하면 편관을 취용한다.
. 상관격이 비겁으로 신강한데, 재성과 상관이 약할 경우
  관성을 취용한다.
. 상관격이 식상이 많아 신약하면 인성을 취용한다.
. 상관격이 관살이 많아 신약하면 인성을 취용한다.
. 상관격이 재성이 많아 신약하면 비겁을 취용한다.

. 상관이 강하면 극하는 것이 있어야 좋다.
. 상관용인격: 신약한 상관격일 경우에 인성을 의지해서
  일간을 보호한다.
. 상관용재격: 신강한 상관격일 때에 재성을 용신한다.
. 상관용겁격: 신약한 상관격일 경우에 비겁을 의지해서
  일간을 보호한다.
. 상관용관격: 신강한 상관격일 때에 관성을 취용한다.
. 상관용상관격: 상관격에 일간이 신강하여 상관을 용신으로 하는 격

＜상관격/상관용인격＞

時	日	月	年
庚	己	丙	辛
午	丑	申	酉

己土 일주가 申金月의 시간 庚金 투출로 상관격인데
金의 세력이 강해 일주가 극약하게 되니, 시지 午火를 의지
하는 상관용인격(傷官用印格)이 되었다. 午火를 用하여 金을
제압하고 일간을 보호한다. 木火운에서 吉하고 金水는 凶하
다. (상관용인격: 신약한 상관격이 인성을 용신하는 것.)

＜상관격/상관용재격＞

時	日	月	年
乙	丁	戊	丙
巳	卯	戌	申

丁火 일주에 戌月의 戊土가 투간되니 상관격이다.
丁火 일주는 시주와 일지 월지에 뿌리가 있어서 신강하다.
재성인 申金을 취용한다. 財가 넉넉하다.
(상관용재격: 신왕한 상관격이 재성을 용신하는 것.)

유쾌한 사주

<상관격/상관용겁격>

時	日	月	年
己	戊	辛	癸
未	申	酉	亥

戊土 일간에 酉金月의 辛金이 투간하였으니 상관격이다. 식재가 많아 신약한 중 시간의 己土가 未土에 통근하니 비겁으로 용신이 튼튼하다. 火土운은 吉하고 金水는 凶하다. (상관용겁격: 신약한 상관격이 비겁을 용신하는 것.)

<상관격/상관용관격>

時	日	月	年
己	壬	辛	辛
酉	辰	卯	未

壬水 일주가 卯月에 태어났는데 일지와 시지에 金局과 월간 辛金에서 힘을 받으니 강하다.
시간의 정관 己土를 취용하여 일간을 다스린다.
火土는 吉하고 金水는 凶하다.
(상관용관격: 신강한 상관격이 관성을 용신하는 것.)

〈상관격/상관용상관격〉

時	日	月	年
庚	壬	己	庚
子	辰	卯	辰

壬水 일주가 卯月에 生하지만 일지와 시지가 水局반합으로 강해졌다. 卯木 상관을 용신으로 하는 상관용상관격(傷官用傷官格)이다. 木火운에 吉하고 金水에 凶하다.
(상관용상관격: 신강한 상관격이 상관을 용신하는 것.)

〈상관격/가상관격〉

時	日	月	年
辛	戊	丙	戊
酉	辰	辰	午

戊土 일간이 辰月에 출생하고 신강하니 시간의 상관 辛金을 취용하며, 월지가 아닌 타주에 있으니 가상관격이 되었다. 金水운에 吉하고 火土는 凶하다.
(가상관격: 신강한 일간이 필히 상관으로 설기해야 할 경우에 상관이 월지가 아닌 다른 곳에 있는 것. 월지 오행의 기준으로 격을 정하는 상관격의 원칙을 벗어나서 가상관격이라고 한다.)

유쾌한 사주

5. 재격(財格 정재격, 편재격)

　재격을 이룬 사주가 신강하고 식상이 일간의 기를 잘 유출하여 생재하면 부를 이루고 복록이 많다. 하지만 신약하고 재왕하면 재물에 대한 욕심만 가득할 뿐 부를 이루지 못한다.

. 일간에 대비하여 월에 암장한 정재가 천간에 투간되면 정재격이 되고, 정기가 없고 중기나 여기가 투출되면 그것을 격으로 취할 수 있다.
투간된 것이 없으면 월지의 정기로 격을 정한다.

. 정.편재격이 신강하며 인성이 많으면 재성을 취용한다.
. 정.편재격이 신강하며 비겁이 많으면 식상을 취용한다.
. 정.편재격이 신약하며 관살이 많으면 인성을 취용한다.
. 정.편재격이 신약하며 재성이 많으면 비겁을 취용한다.
. 정.편재격이 신약하며 식상이 많으면 인성을 취용한다.
. 관성을 겸하면 재관격이고, 살을 겸하면 재살격이다.

. 비겁이 많아서 왕한데 재성운을 만나면 비겁쟁재(比劫爭財)가 되어 재물로 인한 다툼이 발생한다.
. 정편재는 혼잡됨을 꺼리지 않는다. 정재격은 자기 분수껏 성장하고 투기성이 적고 군자의 성품을 갖는다.
. 편재격은 정재보다 재물의 출입이 크고 등락도 심하고 투기성이 있다.

〈정재격/정재용인격〉

時	日	月	年
己	丙	丁	辛
酉	寅	酉	未

丙火 일간이 酉月에 태어나 장간의 정재 辛金이 연간에 투간하였으니 정재격이다. 일간보다 재성이 더 강하기 때문에 재를 다룰 수 있는 비겁과 인성이 필요한 정재용인격이다. 木火운에 크게 발복하여 거부가 되었다.

〈편재격/편재용인격〉

時	日	月	年
丁	戊	壬	壬
巳	辰	申	子

戊土의 신약한 일주가 申月의 장간에서 壬水가 투간 되었으니 편재격이다. 시간의 인성 丁火가 일주를 돕는 용신이 되어 편재용인격(偏財用印格)이 된다.
木火운에 발복하였다.

유쾌한 사주

〈재다신약〉

時	日	月	年
庚	辛	乙	乙
寅	卯	卯	酉

辛金 일주가 卯月에 실령하고 연월일시에 재성이 중하니
재다신약(財多身弱)이다. 시상 庚金이 연지 酉金에 통근하여
종재격은 되지 않는다. 金운에 吉하다. 土운이 오면 강한 木
이 木剋土를 해서 土가 힘을 쓰지 못한다.

재다신약이란 신약한 일간에 재성이 태강한 것을 말한다.
재성은 왕하고 일간은 신약하여 재를 취할 수가 없다.
비겁운에서 신강해지면 재를 취할 수 있다.

〈군비쟁재〉

時	日	月	年
丙	壬	壬	壬
午	子	子	子

壬子 일간이 子月에 태어나 신강하다.
비겁이 많고 재성은 시주의 丙午 뿐인데 子午沖을 하니
丙은 위태롭다. 연월일에서 丙火를 쟁탈하고 있으니
군겁쟁재이다. 木운이 길하다.
군비쟁재는 군겁쟁재라고도 하는데 비겁이 왕하고 재성이
약하여 밥 한그릇을 놓고 여럿이 다투는 현상이다.

〈탐재괴인〉

時	日	月	年
丁	乙	庚	辛
丑	巳	子	未

乙木 일간이 子月에 출생하여 득령하였으나 연간 월간의
관살과 巳丑으로 억제가 중하여 신약하다.
일간 乙木은 오직 월지의 子水 인성에 의지를 하는데
연지 未土와 시지 丑土 재성이 인수를 위협하고 있다.
戌戌대운에 강한 재운인 土가 들어오니 土剋水로 용신인
인성이 무너진다.

탐재괴인(貪財壞印)이란 신약한 사주가 어쩔 수 없이 약한
인수를 용신으로 삼고 있을 경우에,
재성운을 만나면 강한 재성이 약한 인성을 극해서 용신을
파괴하는 것을 말한다.

즉 재물을 탐한 결과 인성인 학업이나 문서, 직장 등을 상실
하게 되는 일이다.
약한 인성이 용신일 경우는 재물을 탐내면 화를 당하는 경
우로, 학문과 돈이 함께 갈 수 없음을 말하기도 한다.

貪(탐할 탐)   財(재물 재)   壞(무너질 괴)

6. 인수격(印綬格 정인격, 편인격)

인수격은 심성이 바르고 학문을 좋아한다.
정인격과 편인격으로 구분 할 수 있으나, 통칭 인수격이라
한다. 인수격은 원칙적으로 나를 生해주니 신강하다.
재성이 좋고 관성이나 식상도 좋다.
반대로 신약하면 비견이나 인수를 취용한다.

인수격은 인성을 파괴하는 재성을 싫어한다.

관살이 아무리 왕해도 인수만 있으면 관살이 나를 바로 극
하지 않고 인성을 생하고, 또 인성이 일간을 생하므로 일간
이 보호된다. 이것을 살인상생(殺印相生)이라 한다.

인수는 대체적으로 길성이라 하지만 인성이 태과하면 도리
어 병이 되고 인수를 제거하는 재성이 희신이 되기도 한다.

. 인수격이 신강하며 재성이 많으면 관성을 취용한다.
. 인수격이 신강하며 인성이 많으면 재성을 취용한다.
. 인수격이 신강하며 비겁이 많으면 관성을 취용한다.
. 인수격이 신약하며 재성이 많으면 비겁을 취용한다.
. 인수격이 신약하며 식상이 많으면 인성을 취용한다.
. 인수격이 신약하며 관살이 많으면 인성을 취용한다.
. 관을 겸하면 관인격이고, 살을 겸하면 살인격이다.

<정인격>

時	日	月	年
辛	戊	丁	癸
酉	申	巳	卯

戊土 일간이 巳月에 生하였고 월간 丁火가 통근하였으니 인수격이다. 일간 戊土가 득령하여 신강한 것 같으나 월지가 巳申合으로 묶이고, 시주에다 일간이 극설되고 있어 신약하다. 火土운에 吉하다.

<편인격>

時	日	月	年
癸	辛	己	癸
巳	亥	未	卯

辛金 일간에 월지 未土에서 己土가 월간에 투출되니 편인격이다. 일간이 득령하였으나 지지가 亥卯未 木局을 이루니 선신강 후신약이 되었다. 월간 己土가 용신이고 土金운에 吉하다.

유쾌한 사주

7. 비겁격(比劫格 건록격, 양인격)

* 건록격(建祿格,비견격)

건록격은 월지가 일간의 건록이다.

甲일-寅월, 乙일-卯월, 丙戊일-巳월, 丁己일-午월, 庚일-申월, 辛일-酉월, 壬일-亥월, 癸일-子월이 건록격이 된다.

<건록격>

時	日	月	年
己	乙	己	庚
卯	丑	卯	午

乙木 일주가 卯月에 출생하니 건록격이다. 신강하다. 신왕재왕하여 巳午未운에 재물을 많이 얻었다.

* 양인격(羊刃格, 겁재격)

월지가 일간의 제왕이 되는 것이다. 일간이 양간이면 양인격이고, 음간은 양인격이라 하지 않고 겁재격이라고 한다.

양인격은 甲일은 卯월에, 丙일은 午월, 戊일은 午월, 庚일은 酉월, 壬일은 子월에 성립된다.

<양인격>

時	日	月	年
壬	丙	庚	辛
辰	申	午	丑

일간 丙火가 午月에 당령하여 신강한 것 같으나 재관이 강하여 신약사주가 되었다. 木火운에 길하다.

2. 변격(變格)

변격이란 정격 외의 격형태를 말한다. 변격에는 종격, 일행득기격, 화기격, 양신성상격, 신살양정격 등이 있다.

1. 종격(從格)

종격이란 사주 내에서 어느 세력이 지극히 강하여 일간으로 버티기가 불가능 할 때에, 섣불리 대항하기 보다는 자신을 버리고 그 강한 세력을 따라가는(從) 것이다.

일주가 태왕하면 일간 자체의 비겁에 따라서 종(從)하고, 인수가 태왕하면 인수에 따라 종하고, 태약한 상태에서는 식상, 재성, 관성 중 가장 태왕한 세력에게 종한다.

음간은 종을 잘 하지만 양간은 조금이라도 뿌리가 있으면 종하기가 쉽지 않다.
변격에서는 용신 희신 기신 구신 한신을 구별하기보다는 길(吉)오행과 흉(凶)오행으로 구별한다.

종격에는
종왕격 종강격 종아격 종재격 종살격 등이 있다.
종왕격 중에 한가지의 오행만으로 구성된 것을
일행득기격이라고 한다.

1) 종왕격(從旺格)

종왕격은 일주가 대부분 비겁으로 이루어져서 강한 비겁운을 따른다. 용신은 비겁이다. 인수와 비겁운이 吉하다.
비겁을 극하는 관살은 꺼리고 재성은 관성을 생하니 꺼린다.

〈종왕격〉

時	日	月	年
癸	丙	甲	丙
巳	午	午	寅

丙火 일주가 午月에 출생하여 火局이 충만하고, 시간의 癸水는 뿌리가 없어 火에 증발하니 火세에 종한다. 종왕격이다. 木火운에 吉하고 비겁인 火를 극하는 水와 水를 돕는 金운이 凶하다.

〈종왕격〉

時	日	月	年
庚	庚	庚	庚
辰	申	辰	辰

庚金 일간이 辰月에 태어나 辰습토가 生금을 하니 金의 세력이 태왕하여 그 세를 따른다. 종왕격이다. 土金에 吉하고, 金을 극하는 火와 火를 돕는 木운이 흉하다.

유쾌한 사주

2) 종강격(從强格)

종강격은 대부분 인성으로 이루어져서, 인성을 따르는
사주이다. 용신은 인성이다. 비견과 인수가 길하고 인수를
극하는 재성과 재성을 돕는 식상은 흉하다.

<종강격>

時	日	月	年
庚	丙	乙	癸
寅	辰	卯	未

丙火 일간이 卯月에 득령했고 지지가 木局을 이루었고 乙
木이 투간하여 종강격이다.
시간의 庚金을 일지 辰土가 生할 것 같으나 卯卯辰 木局으
로 방합하니 生金을 하지 못한다. 庚金은 뿌리가 없게 되어
종강격을 이룬다. 木火운에 吉하고, 木을 극하는 金과 金을
돕는 土는 凶하다.

유쾌한 사주

3) 종아격(從兒格)

종아격은 일주가 무근하고 대부분 식상으로 이루어져서, 일간은 약한 자신을 버리고 왕한 식상을 따른다.
용신은 식상과 재성의 운이고, 식상을 극하는 인성과 인성을 돕는 관성은 凶하다.
이 격이 이루어지려면 일주가 쇠약하고 인수가 없으며 대부분을 식상이 차지하여 식상이 왕해야 성립이 된다.

　　　　〈종아격〉

時	日	月	年
戊	丙	己	戊
戌	辰	未	戌

丙火 일주가 未月에 生하여 비겁과 인수가 없고 온통 설기하는 식상이니, 자신을 버리고 식상에 從한다.
土金운이 吉하고, 土를 극하는 木과 木을 돕는 水는 흉하다.

　　　　〈종아격〉

時	日	月	年
癸	癸	乙	癸
亥	卯	卯	未

癸水가 未月에 生하여 乙木이 투간하니 종아격이다.
木火운에 吉하고 木을 극하는 金운과 金을 돕는 土운은 凶하다.

4) 종재격(從財格)

종재격은 일주가 무근하고 사주 대부분이 재성으로 이루어져서, 일주는 약한 자신을 버리고 재성을 따른다.
식상, 재성이 吉하고, 재성을 극하는 인수와 인수를 돕는 비겁은 凶하다.

<종재격>

時	日	月	年
丁	癸	丙	丁
巳	卯	午	巳

癸水일간이 午月에 生하고 전체적으로 火가 태왕하다.
일지의 卯는 火를 키워서 전체적으로 火가 태왕하니 癸수는 자신을 버리고 火의 세력을 따른다 종재격이다. 木火운이 吉하고, 火를 극하는 金水운이 凶하다.

<종재격>

時	日	月	年
辛	丁	己	乙
丑	酉	丑	酉

丁火 일간이 丑月에 生하고 일지가 金局을 이루고 있으며 시간에 辛金이 투간하여 종재격이 되었다.
土金운이 吉하고 金을 극하는 火운과 木운이 凶하다.

234

5) 종살격(從殺格)

일주가 무근하고 관살이 많아 관살에 종하는 것이다.
정관은 官으로, 편관은 殺로 보는데 官에 종하더라도 일주가
약하기 때문에 官도 殺로 본다. 그러므로 官이나 殺에 종하
는 경우 모두 종살격으로 본다. 용신은 관살이다. 관살이 태
왕하며 관살을 극하는 식상이 없어야 한다.
재성,관성에 吉하고, 관성을 극하는 식상,비겁에 凶하다.

〈종살격〉

時	日	月	年
乙	乙	辛	辛
酉	酉	丑	巳

乙木 일주가 丑月에 생하여 지지가 巳酉丑 金局이 되었고,
연.월간에 辛金이 투간하여 종살격을 이루었다.
金土운은 吉하고, 金을 극하는 火운과 火를 돕는 木운은 흉
하다.

〈종살격〉

時	日	月	年
戊	丙	壬	辛
子	申	辰	亥

丙火 일주가 辰月에 生하였으나 지지가 水局을 이루고 壬
水가 전 지지에 통근하여 투간하니 종살격이다.
金水운은 吉하고, 水를 극하는 土와 土를 돕는 火는 凶하다.

유쾌한 사주

2. 일행득기격(一行得氣格)

일행득기격은 따지고 보면 종왕격이나 종강격과 비슷한데 오행에 따라 명칭을 붙인 것이다.

1) 곡직격(曲直格)

木일주가 사주 내에 木이 태왕하여 木에 종하는 사주이다. 나무가 자라는 특성을 딴 것으로 곡직격이라 하였다. 甲乙 일주가 인수,비겁월인 亥子寅卯月에 生하고 지지에 亥卯未나 寅卯辰 木局을 이루거나 천간에도 水木이 많고 木을 극하는 金이 없어야 된다. 木이 용신이고, 水木火운은 吉하고 木을 극하는 관성 金과, 金을 돕는 재성 土는 凶하다.

<곡직격>

時	日	月	年
癸	乙	乙	甲
未	卯	亥	寅

乙木 일간이 亥月에 태어나 지지가 亥卯未 木局을 이루고 木기를 극하는 金기가 없으므로 순수한 곡직인수격을 이룬다. 水木火운이 吉하고, 목을 剋하는 金운과 金을 돕는 土운은 凶하다.

2) 염상격(炎上格)

火일주가 사주 내에 火가 태왕하여 火에 종하는 사주이다. 丙丁일주가 지지에 寅午戌이나 巳午未 화국이 되고 천간에도 木火가 많고 火를 剋하는 水가 없어야 한다. 火가 용신이고, 木火土는 吉하고 火를 극하는 金水는 凶하다.

〈염상격〉

時	日	月	年
庚	丙	丙	丁
寅	午	午	巳

丙火가 五月에 生하여 지지가 온통 火局이며 연.월간이 丙丁 비겁으로 火세가 치솟고 있다.
시상 庚金이 있다하나 오히려 왕한 火를 대적할 수 없어 병이 된다. 火세를 거역할 수 없으므로 火의 기세를 따른다. 木火土운에 吉하고 火를 극하는 金水운이 凶하다.

〈염상격〉

時	日	月	年
甲	丙	丁	戊
午	午	巳	寅

丙火 일주가 사월에 生하여 온통 火세임으로 염상격이다. 木火土운은 吉하고 金水는 凶하다.

曲(굽을 곡)　　　直(곧을 직)　　　炎(불탈 염)

3) 가색격(稼穡格)

土일주가 사주 내에 土가 태왕하여 土에 종하는 사주이다.
戊己일주가 지지에 辰戌丑未로 이루어지고 천간에도 火土가
많고 사주 내에 土를 剋하는 木이 없어야 한다. 土가 용신이
다. 火土金은 吉하고 土를 극하는 水木은 凶하다.

〈가색격〉

時	日	月	年
戊	戊	壬	戊
午	辰	戌	戌

戊土 일간이 戌月에 태어나 土의 가세가 旺하다. 壬水는
강한 土의 세력을 감당할 수 없으니 병이 되었다.
火土金운에 吉하고, 土를 극하는 水木은 凶하다.

〈가색격〉

時	日	月	年
戊	己	丙	乙
辰	未	戌	未

己土 일간이 戌月에 生하여 지지가 모두 土이고 연간의
乙木도 土에 대항할 수 없으니 가색격이다. 火土金은 吉하
고, 土를 극하는 木과, 木을 돕는 水는 凶하다.

稼(심을 가)   穡(거둘 색)   革(가죽 혁)   潤(젖을 윤)

4) 종혁격(從革格)

金일주가 사주 내에 金이 태왕하여 金에 종하는 사주이다.
庚辛일주가 지지에 申酉戌이나 巳酉丑 金局이 되고
천간에도 土金이 많고 金을 극하는 火가 없어야 한다.
金이 용신이고 金을 극하는 火와, 火를 돕는 木은 凶하다.

〈종혁격〉

時	日	月	年
辛	庚	己	壬
巳	申	酉	申

庚金 일주가 酉月에 양인을 두고 지지에 온통 金이 旺하
며 월간 己土는 金을 도우므로 金에 따른다.
土金水는 吉하고, 金을 극하는 火운과, 火를 돕는 木운은 凶
하다.

〈종혁격〉

時	日	月	年
辛	辛	丁	辛
丑	酉	酉	巳

辛金 일주가 酉月에 生하여 천간 지지가 온통 金局이다.
월간의 丁火가 용신일 것 같으나 巳酉丑 금국이 되므로 뿌
리를 내리지 못한다. 종혁격이다. 土金水에 吉하고, 金을 극
하는 火운과, 火를 돕는 木운은 凶하다.

5) 윤하격(潤下格)

水일주가 사주 내에 水가 태왕하여 水에 종하는 사주이다. 壬癸일주가 지지에 亥子丑이나 申子辰 水局이 되고 천간에도 金水가 많고 水를 극하는 土가 없어야 한다. 水가 용신이고 金水木은 吉하고 水를 극하는 土와, 土를 돕는 火는 凶하다. 丑土는 亥子를 만나면 亥子丑으로 수국을 이루고, 辰土는 申子를 만나면 申子辰으로 水局을 이룬다.
子辰은 水局반합이지만 子丑은 주변에 水기운이 많으면
水로, 火土가 많으면 土로 변장한다.

〈윤하격〉

時	日	月	年
癸	癸	辛	壬
丑	亥	亥	子

癸水가 亥月에 태어나고 지지에 亥子丑 水局을 이루었고 대부분이 水로 이루어져 윤하격이다.
金水木운이 吉하고 수를 극하는 토와, 토를 돕는 火운이 凶하다.

〈윤하격〉

時	日	月	年
癸	癸	壬	壬
丑	亥	子	辰

癸水가 子月에 生하고 지지에 子辰과 亥子丑이 水局을 이루니 윤하격이다. 金水木에 吉하고 火土는 凶하다.

유쾌한 사주

3. 화기격(化氣格)

화(化)란 오행이 서로 합하여 새로운 오행으로 변화한 것을 격을 삼는 것으로, 木火土金水 다섯가지 오행에 따라 천간의 오합으로 이루어지는 격이다.
화기격이 성립되면 化한 오행을 기준으로 吉신과 凶신을 정하고, 化하는 오행의 방해가 있으면 가화격이 되거나 격 자체가 성립되지 않는다.

1) 갑기합화토격(甲己合化土格)

甲日간이 己月이나 己時와 合하거나, 己日이 甲月이나 甲時와 합하는 경우 甲己합을 해서 土가 되는데, 辰戌丑未月에 출생하고 지지에 辰戌丑未가 많고, 土를 극하는 木이 없는 경우이다.
火土운에 吉하고 土를 극하는 木과, 木을 돕는 水는 凶하다.

〈갑기합화토격〉

時	日	月	年
己	甲	壬	戊
巳	辰	戌	辰

甲木이 戌月에 태어나고 지지에 土가 旺하다.
시간 己土와 일간 甲木이 合하여 土로 화하고 지지에 土가 많으니 갑기합화토격이 성립된다.
火土운은 吉하고 水木운은 凶하다. 金은 吉하다고는 보나 천간에 투출하여 甲木을 剋하면 凶하다.

2) 을경합화금격(乙庚合化金格)

庚일간이 乙月이나 乙時와 合하거나, 乙일간이 庚월이나 庚時를 만나 乙庚合을 하여 金이 되는 격이다.

월지가 申酉戌月에 출생하고 巳酉丑 申酉戌 金局을 이루거나 사주가 대부분 金으로 이루어졌으며, 다른 곳에 金을 극하는 火가 없어야 된다. 土金水운에 吉하고, 金을 극하는 火운과, 火운을 돕는 木운에 凶하다.

〈을경합화금격〉

時	日	月	年
乙	庚	辛	癸
酉	戌	酉	巳

庚金 일간이 酉月에 득령하고 지지가 金局이다.

을경합화금격이다. 土金水운에 吉하고 木火에 凶하다.

〈을경합화금격〉

時	日	月	年
乙	乙	庚	庚
酉	未	辰	申

乙未 일간이 庚과 合을 하고 辰月에 生하여 지지에는 土金으로 금이 왕하니 을경합화격이다.

土金水운에 吉하고 金을 극하는 火와, 火를 돕는 木운에 凶하다.

3) 병신합화수격(丙辛合化水格)

丙일간이 辛월이나 辛시와 합하거나, 辛일간이 丙월이나
丙時를 만나 丙辛合하여 水가 되는 격이다.
亥子月에 生하고 亥子丑 申子辰 이거나 水가 많고 다른 곳
에 水를 극하는 土가 없어야 된다. 용신은 水이고 水金은 吉
하고 水를 극하는 土와 土를 돕는 火는 凶하다.

〈병신합화수격〉

時	日	月	年
丙	辛	辛	壬
申	亥	亥	辰

辛金 일간이 亥月에 생하고, 일간과 시간이 丙辛合하니
병신합화수격이다. 金水에 吉하고 水를 극하는 土와, 土를
돕는 火는 凶하다. 木운은 水를 설기하면 무방하나 丙의 뿌
리가 되면 진정한 합화격이 되지 않는다.

〈병신합화수격〉

時	日	月	年
壬	辛	丙	甲
辰	酉	子	申

辛金 일간이 子월에 生하여 지지는 申子辰 水局이니 병신합
화격이다. 金水운에 吉하고, 水를 극하는 土와, 土를 돕는 火
는 凶하다.

유쾌한 사주

4) 정임합화목격(丁壬合化木格)

　丁일간이　壬월이나　壬時와　合하거나,　壬일간이　丁월이나
丁時를　만나　丁壬合이　되는　격이다.　寅卯月에　生하고　寅卯
辰,　亥卯未의　木국을　이루거나　사주에　木이　많고,　다른　곳에
木을　극하는　金이　없는　경우이다.
木이　용신이고　水木운은　길하고,　木을　극하는　金과　금을　돕
는　土는　흉하다.

〈정임합화목격〉

時	日	月	年
甲	壬	丁	甲
辰	寅	卯	子

　壬水가　목왕절에　生하여　월간과　일간이　丁壬合을　하고　木
이　많으니　정임합화목격이다.　水木운은　吉하고,　木을　극하는
金과,　金을　돕는　土는　凶하다.

〈정임합화목격〉

時	日	月	年
丁	壬	乙	癸
未	寅	卯	卯

　壬水　일간이　목왕절에　生하고　시상의　丁火와　合을　하고,
지지에　木이　많으니　정임합화목격이다.　水木운은　吉하고　土
金은　凶하다.

　　　　　　　　　　　　　　　　　　유쾌한 사주

5) 무계합화화격(戊癸合化火格)

戊日간이 癸월이나 癸時와 合하거나, 癸日간이 戊月이나 戊時를 만나 戊癸合이 되는 격이다. 巳午月에 출생하고 巳午未, 寅午戌의 火局을 이루거나 사주에 火가 많고, 다른 곳에 火를 극하는 水가 없는 경우이다.
火가 용신이고, 木火는 吉하고 火를 극하는 水와, 水를 돕는 金은 凶하다.

〈무계합화화격〉

時	日	月	年
丁	戊	癸	丙
巳	午	巳	戌

戊土 일간이 巳月에 生하고 지지에 火局이 왕성하니
戊癸合化格이다. 木火土운이 吉하고, 金水운이 凶하다.

〈무계합화화격〉

時	日	月	年
丙	癸	戊	丙
辰	丑	戌	戌

癸水 일간이 일지 丑土와 시지 辰土에 통근하였으나 戊戌月에 火土가 강하여 무계합화격이 성립되었다.
木火土운은 吉하고 金水운은 凶하다.

245

4. 양신성상격(兩神成象格)

상생하는 두 개의 오행 木火. 火土. 土金. 金水. 水木 으로 구성된 사주를 말한다.

〈양신성상격〉

時	日	月	年
辛	戊	辛	戊
酉	戌	酉	戌

土와 金의 두가지로 구성이 되어있다. 辛金상관이 용신이고, 격을 파하는 오행이 전무하니 양신성상격이 되었다. 土金운이 吉하고, 金을 극하는 火와, 火를 돕는 木운은 凶하다.

5. 신살양정격(身殺兩停格)

사주 내에 두 개의 오행이 서로 剋하는 형태이다.
용신은 억부법으로 정한다. 기를 소통시키는 통관을
용신으로 한다. 통관용신은 다음과 같다.
木土: 火   火金: 土   土水: 金   金木: 水   水火: 木

〈신살양정격〉

時	日	月	年
己	癸	己	癸
未	亥	未	亥

土와 水가 서로 극하는 구성이다. 金水가 吉하고, 金을 극하는 木火는 凶하다.

6. 기타

① 목화통명(木火通明)

甲乙생 일주가 寅卯월에 生하여 태왕할 때에, 설기하는 火를 용신 삼는 것이다. 木일주가 신왕한데 火식상을 만나면 木生火로 세상을 밝게 하니 木火通明으로 부귀가 따른다.

時	日	月	年
丙	甲	乙	戊
寅	寅	卯	午

甲木 일주가 卯月에 生하여 득령했다. 丙火 식신으로 설기시켜 목화통명으로 세상을 밝게 이롭게 한다.

② 금수한랭(金水寒冷)

사주의 구성이 金水의 기운이 많아 한랭한 것이다. 오행이 중화를 이루지 못하여 차가운 기운처럼 일신이 고단하거나 건강에 결함이 있게 된다.

時	日	月	年
己	辛	癸	壬
丑	酉	丑	寅

辛金이 丑月에 生하였고 사주 내에 火기가 하나도 없는 엄동설한이다. 남편은 일찍 사별하고 무속인이 되었다.

③ 화염토조(火炎土燥)

火기가 태왕하여 땅이 마르고 갈라진다.
땅은 습기가 있어야 씨앗이 배양되는데 메마르고 갈라진 토양에서 열매를 얻기가 어려우니 일신이 고달프다.

```
時   日   月   年
戊   甲   丁   丁
辰   戌   未   巳
```

지지가 火土로 매우 조열하다. 사업실패후 불가에 귀의하였다.

④ 추수통원(秋水通遠)

壬癸일생이 申酉월에 生할 경우, 신강한 가을 물이
장생지를 만나 사주가 통관되는 것을 말하며, 금수쌍청이라고도 한다. 물이 맑고 깊으니 지혜롭고 총명하다.

```
時   日   月   年
丙   壬   戊   丁
午   辰   申   丑
```

壬水가 申月에 出하여 추수통원의 명이다.
재와 인수를 소통해주는 戊土가 申金 인수를 生하고 申金은
다시 壬水를 생하니 귀격이다.

⑤ 천복지재(天覆地載)

천간과 지지가 서로 상생하는 관계가 되는 귀격이다.
간지가 희신을 도와 사주를 보호하고 기신은 극제함으로써
사주를 吉하게 하는 것이다.
가령 甲乙木이 희신일 때는 지지에서 亥子寅卯를 만나야 길
하고, 丙丁火가 희신일 때는 寅卯巳午에 뿌리를 두어야 길하
다. 戊己土가 희신일 때는 巳午辰戌丑未가 좋고 庚辛金이 희
신일 때는 지지가 辰戌丑未申酉가 길하다. 壬癸水가 희신일
때는 지지에 申酉亥子를 만나야 희신이 강건하여 발복하기
에 좋다.

時	日	月	年
甲	癸	戊	庚
寅	丑	寅	申

癸水 일간이 寅月에 生하여 신약하고, 상관이 왕하다.
연간의 庚金 인성으로 왕한 木상관을 제압하고 일간을
보호하는 용신을 삼는다.
庚金은 연지 申金에 뿌리를 두니 건왕하다. 지지 申金이 천
간 庚金을 강하게 하는 천복지재의 역할을 한다. 통일교 교
주 문선명씨의 사주이다.

覆(덮을,뒤집힐 복) 載(실을 재) 通(통할 통) 遠(멀 원)

⑥ 절처봉생(絶處逢生)

천간의 희신이 지지의 생조를 받아 버티던 중, 타지의 충으로 지지가 천간 희신을 생할 수 없어 어렵게 되었으나, 대운이나 세운에서 충극하는 지지와 합을 하여 충이 해소되면 다시 지지가 천간 희신을 생하여 발전하게 된다. 궁지에 몰렸던 상황에서도 생존할 수 있는 방편을 만났을 때에 절처(絶處)에서 다시 봉생(逢生)한다고 한다.

	時	日	月	年
	庚	庚	丙	己
	辰	申	寅	酉

대운

75	65	55	45	35	25	15	5
戊	己	庚	辛	壬	癸	甲	乙
午	未	申	酉	戌	亥	子	丑

庚金 일주가 寅月에 생하여 실령하였으나, 金의 세를 얻어 신강하다. 金을 제어하는 丙火가 寅木에 의지하여야 하나 寅申沖을 하니 절처가 되었다. 대운 癸亥운에서 寅亥合 木局이 되니 다시 丙火를 生할 수 있어 절처봉생하였다.

⑦ 부성입묘(夫星入墓)

여자사주에 관성이 묘고 속에 있는 것이니 사별이나 이별을 하게 되고, 그렇지 않다면 남편이 똑똑해도 건강하지 못하거나 무능력하여 덕이 없게 된다.

. 甲乙일생이 丑土가 있을 때: 木의 관성은 金이다.
金의 삼합은 巳酉丑이고, 丑은 12운성으로 金의 墓이다.

나머지도 같은 방법으로 12운성의 관성의 묘를 정리하면
. 丙丁일생-辰   . 戊己일생-未
. 庚辛일생-戌   . 壬癸일생-戌

時	日	月	年
丁	甲	乙	丙
卯	寅	丑	子

甲木 일주가 丑月에 출생하였고, 辛金이 관성으로 남편이다. 월지 丑土는 金의 묘지이므로 辛金 관성은 丑土 묘지 속에 있는 것이니 부성입묘이다. 일찍 결혼 하였으나 남편이 일찍 별세하였다.

蓋(덮을 개)   頭(머리 두)   截(끊을 절)   脚(다리 각)

13장 행운(行運)

1. 대운(大運)

대운은 간지 한 기둥이 10년씩 커다란 힘으로 사주팔자에 관여한다. 사주원국은 체(體)이고 대운은 體를 변화시키고 운동하는 기운이다. 사주원국이 한그루의 나무라면 사계절은 대운으로 볼 수 있다. 나무는 그대로 자리를 지키지만 계절은 변화하면서 나무를 키워낸다. 계절의 지대한 영향력이다.

행운(行運)이 사주원국에 필요한 희용신운이면 발복하고, 기구신운이면 어려움을 겪는다. 대운은 지지를 더 중요시한다. 간지의 관계를 따져서 천간은 천간끼리 지지는 지지끼리 대입한다. 기독교에서 하느님이 예비하신대로, 하느님의 섭리대로 살아간다는 것이 행운(대운,세운...)의 흐름대로 살아가는 것과 일맥상통한다고 본다.

1) 개두(蓋頭)와 절각(截脚)
행운에서 오는 간지의 관계가 비겁이나 生이면 힘이 있고, 剋이면 무력하다. 극하는 개두,절각을 확인한다.

개두(蓋頭)는
천간이 지지를 剋하는 것으로, 지지의 힘이 감소한다.
개두는 甲辰 甲戌 乙丑 丙申 丁酉 戊子 己亥 庚寅 辛卯 壬午 癸巳 등이다.

절각(截脚)은

지지가 천간을 극하는 것으로, 천간의 힘이 많이 감소한다.
절각은 甲申 乙酉 丙子 丁亥 戊寅 己卯 庚午 辛巳 壬辰 壬
戌 癸未 癸丑 등이다.

개두절각을 하면 5가지의 경우가 발생한다.(甲의 예)

甲寅: 천간과 지지의 힘이 배로 증가한다.
甲子: 천간의 힘이 배로 증가한다.
　　　지지는 생을 하고 나니 기운이 약해진다.
甲午: 지지의 힘이 배로 증가한다.
　　　천간은 지지를 생하였으니 기운이 약해진다.
甲戌,甲辰: 지지의 힘이 반감된다.
　　　천간은 지지를 극하였으니 기운이 약해진다.
甲申: 천간의 힘이 반감된다.
　　　지지는 천간을 극하였으니 기운이 약해진다.

2) 대운 살피기

　대운 지지의 희신,기신을 살핀 후에, 천간을 살핀다.
지지가 희신이고 천간도 희신이면 吉이 배가 되고, 개두절각
이면 작용은 약해진다. 그래도 사주 내에서의 역할은
잘 살펴야 한다. 개두 절각되어 힘이 없다 해도 원국의 천간
과 합하여 기신으로 변할수도 있고, 희신으로 변할수도 있
고, 또한 기신이나 희신을 충하여 작용을 변화시킬수도 있기
때문이다.

대운과 세운이 상충하면 凶하다.
가령 대운이 寅인데 세운이 申이던지, 대운이 丑인데 세운이
未인 경우 등이다. 이런 경우는 이동수, 손재수, 해당 육신별
로 재앙이 발생할 수 있는데
해당 충이 사주에 좋은 역할을 할 때에는 움직여도 좋지만,
안좋은 역할을 할 때에는 움직이면 손해를 본다.

대운과 세운이 沖하면 凶하고, 대운과 세운이 합이면 묶이거
나 흉하거나 吉할수 있는데 사주 구성에 따라 작용력은 다
르다.

대운과 세운이 같은 것을 병림이라고 하는데 이럴 경우는
일이 반복되거나 가중된다. 좋으면 더 좋아지고 나쁘면 더
나빠진다.

원국에 한신이 있다가 운에서 오는 기신을 합하거나 충하면
나쁜 운이 나쁘지 않고, 운에서 좋은 운을 합하거나
충하면 좋은 작용을 못하니 흉하다.

대운이 충하는 궁과 육신이 그 기간에 충의 작용을 한다.
일지를 충할 경우 배우자와의 불화나 배우자에게 불상사가
발생할 수도 있는데 해외나 주말부부, 낮밤교대근무, 각방
사용 등으로 떨어져 지내면 흉한 운을 면해 볼 수도 있다.

3) 육신에 미치는 영향력

대운이 육신에 미치는 작용력을 살펴보면

비견: 형제. 친구. 동창. 동료. 동업자. 배우자. 건강.
　　자존심 자리이동. 분리. 분가. 재산손실 등의 길흉사
겁재: 재산손실. 이복형제. 친구. 동업자. 배우자. 건강.
　　이별. 이성문제. 언쟁. 구설. 자리이동 등의 길흉사
식신: 활동력. 업무. 일. 기술력. 유흥. 자손(여). 남편(여)
　　장모(남) 등의 길흉사
상관: 활동력. 예술성. 일. 기술력. 직업. 상해. 구설수.
　　자손(여), 남편(여), 장모(남) 등의 길흉사
편재: 재물 출입. 일. 건강. 사업변화. 파산. 신용. 투자.
　　부친. 결혼,부인,여자(남) 시모(여) 등의 길흉사
정재: 재물 출입. 일. 신용. 건강.
　　부친. 결혼,부인,여자(남). 시모(여)문제 등의 길흉사
편편관: 직장. 송사. 사고. 이별. 수술. 관재구설.
　　건강. 자식(남) 남편,남자(여) 등의 길흉사
정관: 직장. 송사. 명예. 승진. 사업발전. 건강.
　　자식(남) 결혼,남편,이성(여) 등의 길흉사
편인: 학업. 학술. 명예. 문서. 계약. 자격증. 보증. 재물.
　　질병. 귀인. 모친. 이모. 손윗사람 관련의 길흉사
정인: 학업. 시험. 명예. 문서. 계약. 보증. 자격증. 재물.
　　귀인. 모친. 이모. 손윗사람 관련의 길흉사

대운이 사주에 용회신이면 길하고, 기구신이면 흉하다.

<행운이 육신에 미치는 영향>

	적 용	吉작용	凶작용
비겁	건강. 자리이동	좋음	흉함. 요주의
	재물	좋음	손재 발생
	형제 친구 동료	은덕	피해 입음
	동업	좋음	흉함
	문서 계약 공부	좋음	결과 미약함
	재성(부친.부인.돈	좋음	凶/비극재
식상	창의력 표출력	좋음	지체
	활동력 일	좋음	막힘
	자식(여) 장모(남)	좋음	문제 발생
	관성		凶/식극관
재성	재물	좋음	탈재
	부친	좋음	힘듦
	여자(남) 시모(여)	좋음	문제 발생
	인성		凶/재극인
관성	직장 명예 관청	좋음	안좋음
	건강	좋음	주의
	자식(남) 남자(여)	좋음	문제발생
	일간		凶/관극비
인성	명예 표창 업무	좋음	안좋음
	공부 계약 보증	좋음	안좋음 손해
	모친	좋음	힘듦
	식상		凶/인극식

2. 세운(歲運)

1) 세운이란?

세운은 일년운을 말한다.
일년운은 천간을 중요하게 보고, 다음에 지지를 살핀다.
대운과의 관계를 살펴서 세운이 대운에서 힘을 받는지,
힘을 빼앗기는지 등의 세운의 힘의 강도를 파악한 다음
세운과 사주원국을 천간끼리 지지끼리 대입해서 생극변화를
추론한다.

세운이 십성에 미치는 작용력은
세운의 천간과 일간의 생,극,합,충을 가장 먼저 살피고
천간의 다른 육신들도 세운과 생,극,합,충을 살핀다.

세운의 천간과 원국의 일간, 천간을 모두 대입한 후에는
세운의 지지와 원국의 지지도 같은 방법으로 대입한다.

세운에서 힘을 받는 육신은 그 해에 발전을 하고
극충을 받는 육신은 그 해에 어려움을 겪게 된다.

대운이 길운이고 세운이 흉운이면 흉이 줄어들지만, 대운이
흉운이고 세운도 흉운이면 대흉하다. 세운은 천간을 위주로
보기 때문에 절각이면 천간이 힘을 못쓴다.
세운이 희용신이면 吉하고, 기구신이면 凶하다.

세운을 볼 때에는

지지의 대운과 세운 월운까지 연결해서 봐주면 좋다.

대운 세운 월운 지지로 지지방합, 지지삼합, 삼형살 등이 성립되면 영향력이 크기 때문이다.

. 행년(行年,세운)이 용신을 도우면 길년(吉年)이다.

. 세운이 용신을 충,극,형,공망하면 凶年이다.

. 대운이 吉한데 행운이 凶하면 小凶年이다.

. 대운이 凶한데 세운이 吉하면 小吉年다.

. 대운과 세운이 吉하면 大發福한다.

. 대운과 세운이 凶하면 매사 지체되고 힘들다.

. 세운이 충하는 궁과 육신은 1년간 특히 주의를 요한다.

2) 세운이 육신에 미치는 영향력

세운이 육신에 미치는 작용력은 대운과 동일하다.

비견: 형제. 친구. 동창. 동료. 동업자. 배우자. 건강
　　　자리이동. 분리. 분가. 재산손실 등의 길흉사

겁재: 재산손실. 이복형제. 친구. 동업자. 배우자. 건강.
　　　이별. 이성문제. 언쟁. 구설. 자리이동 등의 길흉사

식신: 활동력. 업무. 일. 기술력. 유흥. 자손(여). 남편(여)
　　　장모(남) 등의 길흉사

상관: 활동력. 예술성. 일. 기술력. 직업. 상해. 구설수.
　　　자손(여), 남편(여), 장모(남) 등의 길흉사

편재: 재물 출입. 일. 건강. 사업변화. 파산. 신용. 투자.
　　　부친. 결혼,부인,여자(남) 시모(여) 등의 길흉사

정재: 재물 출입. 일. 신용. 건강.
　　　부친. 결혼,부인,여자(남). 시모(여)문제 등의 길흉사

편관: 직장. 송사. 사고. 이별. 수술. 관재구설.
　　　건강. 자식(남) 남편,남자(여) 등의 길흉사

정관: 직장. 송사. 명예. 승진. 사업발전. 건강.
　　　자식(남) 결혼,남편,이성(여) 등의 길흉사

편인: 학업. 학술. 명예. 문서. 계약. 자격증. 보증. 재물.
　　　질병. 귀인. 모친. 이모. 손윗사람 관련의 길흉사

정인: 학업. 시험. 명예. 문서. 계약. 보증. 자격증. 재물.
　　　귀인. 모친. 이모. 손윗사람 관련의 길흉사

3) 대운과 세운의 통변 예

< 1. 세운이 凶하나 대운이 吉로 변하는 경우 >

時	日	月	年	세운	대운
丁	癸	甲	戊	丁	丙
巳	亥	子	申	亥	寅

癸水 일간이 子月에 生하고 水가 많아 신왕하다.
木으로 水를 설하여 火를 생하니 火용신에 木희신이다.

대운: 丙寅 대운은 희용신인 木火로 매우 좋다.
특히 지지 寅木은 왕한 水기를 흡수하여 火를 生하니
매우 吉하다.

세운: 丁火는 吉하지만 지지 亥水는 원국의 亥子丑 水局을
이루어 기신이 되니 丁火의 吉이 감소한다.

세운과 대운 관계: 세운 亥水가 기신인데 대운 寅木이
寅亥合 木局으로 변하니 세운의 凶이 吉로 변한다.

< 2. 대운이 凶하나 세운이 吉로 변하는 경우 >

時	日	月	年	세운	대운
甲	丙	庚	戊	丁	壬
寅	辰	申	子	卯	子

丙火 일간이 申月에 출생하고, 지지에 申子辰 水局이 매우 강하니 丙火 일간이 약하다. 木火운이 吉하고 金水운은 凶하다.

대운: 壬子로 水가 왕하여 매우 凶하다.

세운: 丁卯의 木火운이 오니 좋은 역할을 한다.

대운과 세운 관계: 대운이 壬子水가 강하여 凶하지만 세운 丁火가 대운 壬과 丁壬合木으로 묶이고 지지는 子水가 세운 卯木을 水生木으로 유통을 시키니 水기의 凶함은 줄고 木기의 吉함이 커졌다. 이번 세운에서는 대운 壬子가 크게 힘을 못쓰고 木의 역할을 돕게 되니 다행이다.

< 3. 세운이 흉한데 대운이 가중시키는 경우 >

時	日	月	年		세운	대운
戊	辛	丙	乙		己	辛
申	酉	戌	卯		丑	巳

辛金 일간이 戌月에 태어나 득지,득세하여 신강하다.
火木은 吉하고 土金은 凶하다.

대운: 천간 辛金은 비겁으로 凶하고,
용신 丙火를 丙辛合으로 묶으니 凶하다.
지지 巳火는 용신 丙火의 뿌리가 되어주니 좋다.

세운: 己土가 일간을 生하니 더욱 신강해져서 흉하고
세운의 지지 丑도 왕한 金을 生하니 흉하다.

세운과 대운 관계: 세운은 凶하고
대운은 천간은 凶하고, 지지 巳火는 丙火의 뿌리가 되어서
좋을 것 같으나, 지지의 세운 대운 일지가 巳酉丑 金局을 이
루어 金을 더욱 강하게 하니 凶하다.

< 4. 대운과 세운이 충할 경우 >

時	日	月	年	세운	대운
乙	壬	丙	乙	壬	戊
巳	戌	申	未	申	寅

壬水 일간이 申月에 生하여 득령하였으나 실지, 실세하여
신약하다. 월지 申金이 용신이다. 金水운이 吉하고
木火운이 凶하다.

대운: 戊土는 壬水를 도울 수 없고
지지 寅木은 용신인 월지 申金을 寅申沖하니 凶하다.

세운: 壬申의 金水운으로 일간을 도우니 吉하다.

대운과 세운 관계: 세운은 吉하나
대운 천간이 세운 천간을 剋하여 壬水의 작용을 약하게
하고, 지지는 세운과 대운이 沖을 하고, 용신인 월지의
申金까지 寅申沖을 하니 凶하다.

3. 월운(月運)

월의 운을 보는 것으로, 한 달간의 운을 주재한다.
영향력으로는 대운>세운>월운>일운이다.

사주의 용신과 월 천간의 작용을 살핀다.
주로 세운 간지와 월운 간지를 살핀다.
월운도 세운처럼 월간을 더 우선시하고 월지는 그 다음에
참고한다.

용신을 돕는 월운이면 일들이 잘 이루어지고,
용신을 극하는 월운이면 凶하다.

개두 절각을 따져서 천간 지지에 대입하고
해석하고 대입하는 것은 대운 세운과 동일하다.

주의할 점은 대운 세운 월운이 합하여 삼합이 되거나
방합이 되면 갑자기 세력이 커져서 길흉작용이 크게 되니
잘 살펴야 된다.

그 세력이 사주에 보탬이 되면 많이 좋고, 보탬이 안되면 흉
할수 있으니 길흉의 상태를 살펴야 된다.

월주가 대운, 세운의 충극을 받을 경우
해당 간지가 흉한 것이면 흉함이 파괴되니 길하고,
길한 것이면 길함이 파괴되니 흉해진다.

유쾌한 사주

월(음력)	월지	월(음력)	월지
1	庚 寅 月	7	丙 申 月
2	辛 卯 月	8	丁 酉 月
3	壬 辰 月	9	戊 戌 月
4	癸 巳 月	10	己 亥 月
5	甲 午 月	11	庚 子 月
6	乙 未 月	12	辛 丑 月

월지는 1월부터 12월까지 고정이고
월간이 변하기 때문에 월운을 볼 때는 월간이 중요하다.

유쾌한 사주

4. 일운(日運)

일운은 일진(日辰)이라고도 한다.
일운은 일주 일진의 관계를 본다.
일진의 천간을 위주로 보고 지지는 참고한다.
일주와 生合하면 吉日이고 剋沖이면 凶日이다.

1) 본인의 용회신일이면 좋다.
2) 본인의 천을귀인날이면 좋다.
3) 천지덕합일(天地德合日)은 좋다.
천지덕합은 천간과 지지가 모두 합을 하는 날이다.
예를 들면
甲子일주와 己丑일-천간은 甲己合, 지지는 子丑合이다.
丙寅일주와 辛亥일-천간은 丙辛合, 지지는 寅亥合이다.
戊戌일주와 癸卯일-천간은 戊癸合, 지지는 卯戌合이다.
庚午일주와 乙未일-천간은 乙庚合, 지지는 午未合이다.
壬辰일주와 丁酉일-천간은 丁壬合, 지지는 酉辰合이다.
다른 일주도 이와 같은 방법으로 모두 구할 수 있다.

**4) 천극지충일(天剋地沖日)과 천충지충일(天沖地沖日)은 피한
다.** 천극지충일은 천간끼리 극하고 지지끼리 충하는 날, 천
충지충일은 천간끼리 충하고 지지끼리 충하는 날이다.
가령,
甲子일주와 庚午일진, 乙丑일주와 辛未일진 등
己亥일주와 癸巳일진, 戊辰일주와 甲戌일진 등

5) 개두절각을 적용해서 힘의 상태를 본다.

지지가 천간을 생부하면 천간의 힘이 강해지고, 극하면 천간의 힘이 약해진다.

천간이 지지를 생부하면 지지의 힘이 강해지고, 극하면 지지의 힘이 약해진다.

6) 해당 일진이 공망이면 중요한 대소사는 유보하고
   용희신일에 실행하는게 낫다.

7) 일운에서 좋은 시간
   (1) 귀인 시간에 중요한 대소사를 논하면 유리하다.

甲日: 未丑時　　乙日: 申子時　　丙日: 酉亥時

丁日: 亥酉時　　戊日: 丑未時　　己日: 子申時

庚日: 丑未時　　辛日: 寅午時　　壬日: 卯巳時

癸日: 巳卯時

(2) 귀인 시간을 놓쳤을 경우는 일간의 **인성 비겁 재성**시간이 좋다.

5. 사주 해석하는 순서

1. 사주팔자와 대운을 배열한 후에

2. 일간이 어떤 오행인가, 월지는 무엇인가
일간이 어떤 오행인가, 어느 계절에(월) 태어났는지를 보고, 일간
외의 간지들이 일간에 생하는지 극하는지 설하는지를 살핀다.

3. 일간의 강약 및 조후를 살핀다.
득령. 득지. 득세를 살펴서 일간의 강약과 조후를 살핀다.

4. 용신을 찾는다.
억부용신이 가장 많으므로 억부부터 기준을 잡아가고
조후용신 종사주 등을 살펴서 합당한 용신을 찾는다.

5. 사주의 짜임새를 보고 육친별 복(福)을 논한다.
해당 육신이 생부를 받아서 튼튼하면 좋고, 허약하거나 충파를 당
하면 흉하다. 행운에서 도와줄 때와 피할 때를 찾고, 오행의 속성
으로 가감해서 운을 잘 타고가도록 한다.

6. 행운의 역할을 살핀다.
대운과 세운에서 십성들에 작용하는 것을 살핀다.
신살 중 흉살은 운이 좋을 때는 잠재하다가, 운이 안좋을 때에는
복합적으로 나타나기 때문에 면밀히 살핀다.

14장 직업적성

우리나라의 직업직종은 미등록 직종을 포함하면 17,000여 가지가 넘는다고 한다. 요즘같이 변화무쌍한 시대에는 직업적성을 일일이 구체적으로 제시하기가 어렵지만 선천적 잠재소질과 후천적인 개발점 등을 참고해 볼 수 있다.

선천적인 것은
명식에 많은 오행이며, 잘 할수 있는 타고난 소질이다.
후천적인 것은
사주에서 꼭 필요한 **용신을 개발하는 것**이다.

많은 것과 용신의 오행과 십성을 잘 살펴서 찾는다.
중요한 것은 본인이 좋아하고 잘 하는 것을 선택하는 것인데 본능적으로 느낌이 있기도 하지만 육신들의 특성을 잘 살펴보면 우월하고 발달한 부분을 찾을 수 있다. **사주에 많은 것도, 필요한 것도 직업이 될 수 있다.**

의료인의 사주는
천의성과 현침살, 천문성이 있으면 확실하게 돋보이지만 그 외의 분야는 단정하기가 어려우므로 세밀한 관찰이 필요하다.
본인의 의사를 파악하고, 앞으로 대운에 맞추어서 가는 것도 좋다. 대운 지지가 재성이면 재성쪽으로, 인성이면 인성쪽으로 맞추는 것이 운을 거스르지 않고 효율적이다.

① 역마(寅申巳亥)가 관성 재성 인성에 해당하면 국제기관에 근무하거나 통역관에 유리하다.

② 관인이 발달하면 공무원, 식재가 발달하면 사업쪽이다

③ 재성과 관성이 합이 되면 금융쪽이나 재정쪽에서 출세한다. 가령 甲木일주에 辰土와 酉金이 合을 하면 辰은 재성, 酉는 관성이므로 재물 관련 직업에 출세한다.

④ 재성이 강한 사람과 종재격을 이룬 사람은 재무. 금융권. 세무직업에 출세할 수 있다.

⑤ 인성이 용신이거나 종인격인 사람은 정치하는 경우가 많다. 인수는 선생님의 사주로, 인정을 받고 싶어한다.

⑥ 水일주의 사람이나 水가 많은 사람은 무역업이나 숙박업이나 물장사를 많이 한다.

⑦ 金일주가 상관이 있고 재성이 발달되어 있으면 음식 사업이 좋다.

⑧ 申亥子월에 庚申일 庚子일 庚辰일 庚寅일생은 양조업이나 먹고 마시는 사업에 잘 맞다.

⑨ 식신이 생재가 되거나 식신이 재와 합이면 음식이나 식품으로 부자가 된다. 식신은 음식, 재는 돈이다. 식신이 돈을 키워 부자가 된다.

⑩ 土가 식신이나 재성이면 농업이나 부동산 미곡상 건축 피복 직물 등에서 성공한다. 土가 식신이라는 것은 土로 재물을 만들어 낸다는 것이다.

⑪ 木火는 활동적이고 金水는 차분한 일에 더 적합하다.

---

1. 오행별 직업 적성

木	직업	교육.보육.사무직.법.행정공무원.의약.출판.원예.약초.농사.과수원.산림.음악.가구.문구.노인요양 의류.방송.작가.통신.디자인.섬유.디자인.종이류
	전공	인문계.교육계.인문사회계열.고고학.한의학.군인 정신과.언론정보학과.의상학과.미학과.호텔
火	직업	전자.통신.전기.화공.화학.약품.주유소.가스.호텔 방송.정치.언론.기자.예술.디자인.조명.교육.안경 기상.이미용.항공.운수업.의료계.요식업
	전공	인문계.언론계.의학계.법조계.약학계.이공계. 섬유학과.의상학과.안과.방사선과.전기.안경
土	직업	군인.경찰.교도관.부동산.중개업.토목.건축 종교.철학.예술.원예.조경.축산.낙농.도공예.농사 임업.골동품.정육점.유통.스포츠.사회복지
	전공	이공계.지질학계.자연계.실업계.농공계.법학. 피부과.내과.체육계.사회복지계.종교계
金	직업	정치가.법관.의료인.공무원.금융업.경호.경찰.기계.자동차.중장비.운수업.요리사.철물.항공.철도.세공.보석상.도축업.철도.선박.미싱사.목수
	전공	이공계.재정계.의약계.인문계.자연계.한의학.외과성형외과.치과.체육계.기계.건설.
水	직업	예술.교육.의료인.법관.금융.경제.보험.무역업 관광.유통.호텔.숙박.목욕탕.수영장.냉동업.수산업.해운업.유흥업.양조장.요식업.식품.정수기
	전공	상업계 법조계 의약계 경상계 예체능계 해양계 교육계 식품영양학 사회복지 보육학 어문학

1) 木

교육계(교수.교사.강사) 학원업

보육계(유치원.어린이집.노인요양.장애인시설)

의료계(의사.간호사.약사.간호조무사.한의사.침술사)

건축. 목재가공. 목공. 가구. 죽공예. 등가구. 피혁. 식물. 꽃.

채소재배. 생물학. 임업. 면사. 섬유. 의류.

약품. 보건위생. 공무원. 변호사. 문화사업. 의상디자인.

작가. 실험실. 출판업. 서점. 기획. 인사. 문구점. 도서관.

상담. 번역. 건재상. 목재예술

2) 火

통신. 컴퓨터. 발전소. 전기관련. 인터넷관련. 전자제품 제조

및 판매.가스. 발열품. 세탁업. 보일러. 난방. 도금.

화학. 공예. 완구. 조명설비. 제련업. 열처리. 가공제품.

X선처리. 공산품제조. 화학약품. 화장품. 평론가. 연설가. 교

육자. 언론. 방송. 문학. 출판. 신문. 잡지. 제본. 법률. 연극.

그림. 악기. 행정사무. 교관. 인사. 관리실. 경찰.

군인. 사법부. 치안경비. 정치인. 구이음식업. 자동차. 핵. 연

예인. 예술. 항공관련

3) 土

건축업. 토목공사. 농업. 중개업. 유통. 상담. 종교관련. 임업.

원예. 광업. 요식업. 운수. 창고. 석재. 광석. 토지매매업.

소개업. 미장이. 도자기. 교도관. 건축관리. 묘지관리. 장의

사. 농부. 광부. 농산물. 가축. 사료. 철학. 종교. 보험.

사회사업. 고고학. 운명학. 건물관리. 부동산. 토지개발

유쾌한 사주

4) 金

법조인. 의료인. 금속. 기계. 귀금속. 광업. 경공업. 중장비.
금융업. 경제. 경리. 공무원. 경찰. 군인. 스포츠. 무기. 금속
기구. 기계제작. 철공소. 조선소. 무기제조.
조각. 교도관. 재봉사. 금속기술자. 정비사. 감정사. 설치미
술. 무대장치. 폐차장. 기자. 인쇄기. 공무집행. 세무사.
정육점. 도축사 자동차. 저울. 금고. 거울. 침술. 운수업.
항공관련. 경공업.

5)水

수산. 어업. 선원. 양어장. 낚시터. 주류업. 목욕탕. 수영장.
온천. 음식점. 냉방. 서비스업. 여관. 광고업. 출판. 투기사업.
미용사. 세탁업. 해양업. 냉동업. 빙과류. 무역. 해산물. 운수
업. 교통. 조사. 분석. 연구직. 여행사. 관광업. 예술. 오락.
보육. 교육. 유통. 판매. 유흥업.

2. 殺을 참고한 직업적성

천의성, 현침살: 의료계. 세공
子午卯酉 도화살: 예체능 및 대인관계력
辰戌丑未 화개살: 학문, 철학, 종교, 교육계
寅申巳亥 역마살: 무역, 운송, 관광, 이동
백호살, 괴강살, 삼형살: 군인, 경찰, 검찰, 법조, 의료계
戌亥 천문살: 의료계, 수사, 종교계, 역학계

3. 육신별 직업적성

〈육신별 직업 적성〉

비겁 본능계	군인. 경찰. 검찰. 법조계. 의료계. 요식업. 연구직. 전문직. 언론계. 개인사업. 운동. 건축. 프리랜서.
식상 감성계	교사. 창작. 교육. 화술. 상담. 학문. 예술. 예능. 저술. 출판. 문화사업. 유흥. 요식업. 이미용. 판매업. 손재주. 광고. 기획. 연예계. 의식주사업
재성 욕망계	금융. 재정. 은행. 세무회계. 유통. 판매업. 증권업. 전당포. 보험업. 경리. 기획. 부동산업 무역업. 개인사업. 정재:봉급. 편재:사업, 유흥업
관성 통제계	교육계. 공무원. 직장인. 공무집행. 경찰. 법조계. 의료계. 보건위생. 군인. 교도관. 금융계. 조직생활 정치. 편관:창작
인성 사고계	학술. 연구원. 철학. 종교. 예체능. 교육. 보육. 기획. 마케팅. 지식서비스. 화술(의술,교사,강사,종교인,예체 능,연예인,언론방송) 상담. 출판업.문화사업

비겁: 본능계영역. 동물적. 육체적

식상: 감성계영역. 감정적. 창조적

재성: 욕망계영역. 욕심. 재물

관성: 중추적 통제계영역. 도덕심. 분별력

인성: 사고계영역. 논리적. 합리적. 종교적

유쾌한 사주

〈변호사〉

時	日	月	年
癸	癸	乙	丁
亥	卯	巳	酉

癸水 일주가 巳月에 生하여 약한 것 같으나, 巳酉 金局 인성국으로 변하고 시주에서 水가 강하니 비겁과 인성으로 신강하다. 식신인 일지 卯木이 亥水의 힘을 받아 강하니 변론이 뛰어나다.

〈화 가〉

時	日	月	年
庚	丁	壬	丁
戌	卯	子	亥

丁火 일간이 子月에 生하였다. 壬子는 손재주가 좋다. 시지의 戌土상관으로 예술성을 표출해 내는 화가이다.

〈의 사〉

時	日	月	年
壬	庚	丁	壬
午	辰	未	辰

庚金 일간이 未월에 생하였다. 午 천의성이 있다. 의사이기도 하지만 시지의 午 정관이 있어 국가공무원으로 오랫동안 봉직하였다.

〈故 이병철회장〉

時	日	月	年
癸	戊	戊	庚
亥	申	寅	戌

戊土 일간이 실령하였으나 월간에 戊土가 투간하였고
4지장간에 土가 뿌리를 가지고 있으니 아주 약하지는 않다.
시주에 재성이 튼튼하니 자식이 재를 보존하고 창출할수 있
고, 寅申亥 역마가 왕하니 바쁘게 해외진출 한다.

〈故 조중훈회장〉

時	日	月	年
壬	丁	丁	庚
寅	卯	亥	申

丁火 일간이 亥月에 生하여 실령하였으나 월지와 일지가
亥卯 인수목국을 이루어 신강해졌다.
연주에 재성이 동주 하였고, 寅申亥 역마가 왕하여
여행, 운수업으로 富를 이루었다.

〈소방 공무원〉

時	日	月	年
戊	壬	丙	壬
申	子	午	午

壬水 일간이 午月에 생하여 火가 旺하다. 壬水의 생존을 위협하
는 火를 끄는 소방공무원으로 근무하다 정년퇴직 하였다.

유쾌한 사주

〈故 박재완 선생〉

時	日	月	年
丁	乙	甲	癸
亥	亥	子	卯

乙木 일간이 子月에 生하여 인수가 태왕하다.

子水 천의성이 있고 천문성 亥水가 중첩 되었다.

시상 丁火가 등불과 같아 어둠에서 광명을 비추는 격으로

학문이 높고 「명리요강」과 「명리사전」을 편찬했다.

〈故 이석영 선생〉

時	日	月	年
己	壬	壬	庚
酉	子	午	申

壬水 일간이 午月에 生하였으나 金水인성이 태왕하다.

木火용신이다. 木火가 꼭 필요한 사람은 역학이 잘 어울린

다. 火는 빛이고 선견지명으로써, 광명으로 세상 사람들을

인도하니 역학에 잘 어울린다. 한국 역학계의 선구자적인 공

을 세웠고 「사주첩경」이라는 저서를 남겼다.

〈목 수〉

時	日	月	年
癸	乙	癸	癸
未	卯	亥	卯

乙木 일간이 지지 亥卯未 목국을 이루어 旺하다.

을목의 뛰어난 손재주로 사찰의 목수일을 맡아 하고 있다.

15장 오행과 질병

1. 십천간과 인체

명리학에서는 인간의 질병을 음양오행으로 유추할 수 있다. 과부족이나 편중, 충극에 따라 인체의 해당부위에 영향을 미친다.

질병은 오장육부와 관계된 것으로써 오장은 간. 심장. 비장. 폐. 콩팥이고, 육부는 쓸개. 위. 작은창자. 큰창자. 방광. 삼초(임파선)이다.

인체의 오장육부의 음양의 조화가 중화를 이루고 상생관계가 좋으면 질병이 없고, 한쪽으로 편중되거나 과다하거나 부족하여 균형을 잃게 되면 질병이 생긴다.
용희신 운에서는 건강하고, 흉운에서는 질병이 온다.

천간	甲	乙	丙	丁	戊	己	庚	辛	壬	癸
장부	쓸개	간	소장	심장	위	비장	대장	폐	방광	콩팥
음양오행	+木	-木	+火	-火	+土	-土	+金	-金	+水	-水

2. 오행과 인체

오행	해당 인체
木	간. 담. 두뇌. 두통. 신경. 인후. 수족. 모발. 풍질. 결핵. 촉각. 간질. 류머티즘. 임파선
火	심장. 소장. 정신. 시력. 혀. 고혈압. 열병. 흉부. 시각. 뇌일혈. 백혈병. 저혈압. 중풍. 안면. 가슴.
土	비장. 위장. 복부. 허리. 습진. 구강. 당뇨. 결석. 암. 미각. 피부병. 근육. 가슴. 어깨
金	폐. 대장. 기관지. 골격. 치아. 혈질. 맹장. 생리통. 부인과. 치질. 축농증. 결핵. 변비. 감기. 코. 기침. 천식
水	신장. 방광. 비뇨기. 생식기. 수분. 한랭. 귀. 청각. 중이염. 중풍. 성병. 야뇨증. 정자. 난자 수평감각

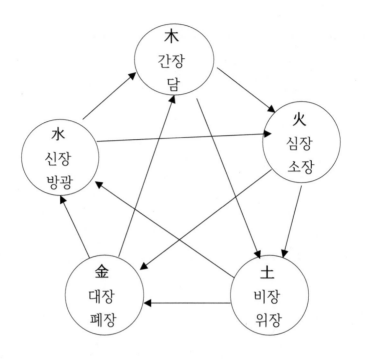

3. 태약하거나(虛症) 과다하거나(實症) 극을 당하
   면 아프다.

크게 실증과 허증으로 인해 병이 온다.
실증은 과하게 많은 것이고 허증은 부족한 것이다.
운에서 들어오는 것도 함께 가감하여 본다.

〈木〉

. 木 일주가 재살이 태강하거나 木이 태약하면 木에
  해당하는 신체가 약하다-허증(虛症)
. 金과 木이 상전하면 金剋木으로 木이 다치기 때문에
  木의 신체부위를 주의하고 평소에 木水를 보충한다.
. 木 일주에 火가 태왕해도 木이 약해진다.
. 木이 태왕하면 土를 극하므로 위장 비장 등 土에 해당
  하는 신체부위가 아프다-실증

〈火〉

. 火 일주가 재살이 태강하거나 火가 극히 약하면 火에
  해당하는 신체가 아프다-허증
. 火와 水가 상전하게 되면 水剋火로 火가 다치기 때문
  에 火의 신체를 주의하고 평상시에 火木을 보충한다.
. 火 일주에 土가 태왕해도 火가 약해진다.
. 火가 태왕하면 金을 극하므로 폐장 대장등 金에 해당
  하는 부위가 아프다-실증

〈土〉

. 土 일주가 재살이 태강하거나 土가 극히 약하면 土에
  해당하는 신체가 아프다-허증
. 土와 木이 상전하게 되면 木剋土로 土가 다치기 때문에
  土의 신체 부위를 주의하고 평상시에 火土를 보충한다.
. 土 일주에 金이 태왕해도 土가 약해진다.
. 土가 태왕하면 水를 극하므로 신장 방광 등 水에 해당하는
  부위가 아프다-실증

〈金〉

. 金 일주가 재살이 태강하거나 金이 극히 약하면 金에
  해당하는 신체가 아프다-허증

. 金과 火가 상전하게 되면 火剋金으로 金이 다치기 때문
  에 金의 신체부위를 주의하고 평상시에 土金을 보충한다.

. 金 일주에 水가 태왕해도 金이 약해진다.

. 金이 태왕하면 木을 극하므로 간 담 등 木에 해당하는
  부위가 아프다-실증

〈水〉

. 水 일주가 재살이 태강하거나 水가 극히 약하면 水에
  해당하는 신체가 약하고 아프다-허증

. 水와 土가 상전하게 되면 土剋水로 水가 다치기 때문
  에 水의 신체 부위를 주의하고 평상시에 金水를 보충한다.

. 水 일주에 木이 태왕해도 水가 약해진다.

. 水가 태왕하면 火를 극하므로 심장 소장 등 火의 해당
  부위가 아프다-실증

유쾌한 사주

〈실 증〉

時	日	月	年
丁	乙	壬	庚
亥	亥	辰	子

乙木 일간이 辰月에 생하여 전체적으로 水가 왕하니
시간의 丁火가 水剋火의 영향을 받아서 심장이 약하다.

時	日	月	年
己	乙	乙	己
卯	未	亥	卯

乙木 일간이 亥月에 生하여 득령을 하여 신태강한 중
지지 亥卯未삼합을 이루니 전체적으로 목이 너무 강하다. 그
기운을 소통하지 못하고 간암으로 별세하였다.

時	日	月	年
己	庚	辛	辛
亥	子	丑	酉

庚金 일주가 丑月에 生하여 신강하기는 하나 너무
한랭하다. 식상이 한랭하면 불감증이 있어서 성생활이
원만하지 못하다. 또한 사주가 냉하여 손발이 차고 저리니
이처럼 편고된 사주는 건강상 문제가 많다.

*정신질환

① 木은 뇌, 火는 정신에 해당한다.

　火 일간이 신태약하거나, 신태강하면 정신이 혼란스럽
고 정신질환이 오기 쉽다.

② 수기가 태왕해도 청각작용이 특출해져서 신경이 예민
해지고 정신적 질병이 오기 쉽다.

③ 원진살이나 귀문관살이 있으면 공황장애나 정신적
질병이 오기 쉽다.

④ 관살이 태과하면 신약하여 위축되고 의기소침해지며
자폐증이나 정신적 질병이 오기 쉽다.

* 시력장애

. 水일간이 지지가 火局이면 야맹이나 청맹이다.

. 火가 태약하고 형이나 공망이면 색맹이나 색약이거나
시력이 약하다.

. 火일간이 火가 태왕하면 백내장질환이 많다.

* 피부과

. 金水 일간이 신약하고 火土가 많아서 조열하면 종기.
염증. 두드러기. 가려움증. 건성피부병 등이 발병한다.

* 생식기

. 일주가 강하고 식상이 좋으면 생식기기능이 왕하다.

. 신약사주에 귀문관살이 있으면 불감증, 변태성이 있다.

. 일주가 약하고 식상이 태왕하면 자궁이 무력하여
자연유산이 많고 자궁병에 유의해야 한다.

時	日	月	年
戊	丙	壬	丙
戌	辰	辰	辰

丙火 일간이 신약한 중, 연간의 丙火마저 월간 壬水와
沖을 하니 극태약하다. 정신질환이 있다.

時	日	月	年
甲	戊	丁	乙
寅	寅	亥	卯

戊土 일간이 亥月에 生하여 실령하였다. 월지와 연지가
亥卯 木局을 이루고 전체가 관성인 木이 강하니 戊土일간은
한없이 위축된다. 자폐증이 있다.

時	日	月	年
壬	壬	丙	丁
子	午	午	卯

壬水 일간이 午月에 生하여 사주 내에 화기가 태왕하여
야맹증으로 고생한다.

285

16장 궁합(宮合)

  궁합은 두 사람의 관계를 보는 것이다.
결혼 상대로도 참고를 하지만 가족이나 지인, 사업자,
동업자, 파트너 등 사회관계에서도 참고하면 유익하다.

1. 일주를 기준으로 한다.

서로의 일주를 기준으로 보고, 사주 전체적 구성을 본다.
본인 사주에 필요한 오행이 상대방에게 있으면 좋으니

서로에게 필요한 기를 제공하며 상호상생하여 좋다.
일반적으로 일주간에 합,생이면 吉하고 충,극은 凶하다.

  1) 일간이 상생하는 오행이면 좋다.
서로 주고 받으며 상생이 되니 기의 소통이 잘 된다.
生 받는 쪽이 약하고 生 하는 쪽이 강하다면 더욱 좋다.
生 받는 쪽은 조금 유리하고 生 하는 쪽은 일방적 희생을
할 수도 있다.

  2) 일간이 같은 오행이면,
  오행적으로 공통점이 많아서 기본적으로는 잘 통한다.
. 서로가 강하면, 넘쳐서 좋지 않으니 자기 주장을 줄이고,
본인의 장단점이 상대방에게도 똑같이 장단점이 될 수

있으니 동일한 불편함을 주지 않도록 노력해야 한다.
. 서로가 약하면, 의지하고 싶은데 충족이 덜 되어 목이
마르니 서로에게 기대감을 낮추고 독립성을 갖는게 좋다.
. 한쪽 일간은 강하고 한쪽이 약하다면, 강한 쪽은 약한
쪽에게 기운을 주고 약한 쪽에서는 받으니 서로 좋다.

3) 일간이 合이면 좋지만 다 좋은건 아니다.
일간과 일간이 합이면 좋다.
일지와 일지가 합이어도 좋다.
일간과 일지가 모두 합인 천지덕합도 좋다.
하지만 운에서 충하면 합에 금이 가기 쉬우니 그 시기는
특히 주의해야 된다.

合의 관계이면 서로 신뢰하고 친밀하고 소통이 잘 되어
행복하다. 하지만 집착하거나 너무 사랑한 나머지
구속하거나 소유욕이 생길 수 있다. 의존적이 되고 독립성이
떨어질 수도 있으니 약간의 안전거리를 유지하는 것도 좋다.

4) 일간이 서로 훼하면 충돌하니 흉하다.
훼을 하는 자는 무의식적으로 상대방을 무시하거나
함부로 대할 수도 있고 물리적 행사를 할 수도 있다.

극을 받는 쪽에서는 주눅 들고 자존심 다치고 심하면
피해의식을 가질 수도 있다.
극하는 자는 상대를 존중하고 배려하는 자세가 필요하다.

---

5) 용신과 일지의 충,극,원진이면 凶하다.

일지간의 충극은 흉하고, 용신을 충극하는 것도 흉하다.
충돌이 있고, 분리하고, 외롭고, 원망할 수 있다.
일지가 서로 원진이면 서로 미워하고 원망하여 백년해로가
어려우니 각별한 노력이 필요하다.

6) 남편은 정관, 아내는 정재를 본다.
정관이나 정재를 살핀다.

뿌리가 튼튼한지, 주변과의 관계, 합충, 행운에서의 작용
등을 살핀다.
정관이 없으면 편관을, 정재가 없으면 편재를 보고,
정편관이 혼잡하거나 정편재가 혼잡하면 좋지 않다.

관성이나 재성의 투출이 한점 없더라도 인연이 없는 것은
아니다. 강한 오행이 약한 관성이나 재성을 극해서
그 자리가 위태로운 것보다는 명식에 나타나 있지 않아서
보존이 잘 되기 때문이다.

관성, 재성이 투출되지 않더라도 행운에서 여자는
관성운에, 남자는 재성운에 결혼인연이 있다.

2. 서로의 용신이 같으면 좋다.

같은 오행으로, 같은 방향으로, 같은 색으로, 생활 속에서 개운하는 방법이 같으니 훨씬 유리하다.
서로의 용신을 생부하는 것도 좋다.
반면에 서로의 용신이 극을 하거나 무기하면 좋지 않다.

3. 남은 대운도 좋아야 한다.

남은 행운의 일지 합충은 반드시 살핀다.
합해서 묶이거나, 충해서 흩어지거나 흔들리는 작용이 있는지 살핀다.

남은 대운이 용희신 운이면 평탄하고 행복할 수 있지만, 흉운으로 흘러가면 고달프다.

沖하는 기간은 시끄럽고 불화하며 이별까지 할 수 있으므로, 이럴 때는 해외나 지방, 직장, 교육 문제 등으로 떨어져 지내거나 낮밤 교대직업이나 각방 사용으로 이별수를 면해볼 수도 있다.

남녀 모두 선부후빈(先富後貧)은 중년 이후에 凶하다.
남은 대운이 한 사람은 吉하고 다른 한 사람은 凶하다면, 백년해로가 힘들거나, 평탄하지 못하다.

4. 결혼 시기

1) 남자는 재성, 여자는 관성과, 각각의 일지로 본다.
2) 행운에서 남자는 재성, 여자는 관성에서,
   또는 재성이나 관성이 슴을 하거나 沖을 할 때에 한다.
3) 일지가 남자는 재성과, 여자는 관성과 슴할때에 한다.

4) 용희신운에 결혼하면 좋다.
5) 용희신운에 만난 배우자는 현명하고 좋은 사람이며
   흉운에 만난 배우자는 어려움이 많게 된다.
6) 남자는 일주가 강하고 일지가 정재이면 가장 좋고,
   여자는 일주가 강하고 일지가 정관이면 가장 좋다.

5. 결혼 날짜

. 이삿날은 남편중심이고, 결혼일은 여자중심으로 본다.
. 두 사람의 생일지 중 생기복덕일에 있는
   생기일 천의일 복덕일 절체일 유혼일 귀혼일을 뽑는다.
. 공통일을 뽑는다.
. 공통일 중에서 충이나 원진을 뺀다.
. 생기일 천의일 복덕일은 大吉日이다.

* 생기복덕일(生氣福德日)

해당 년의 나이와 성별로 길일, 평일, 흉일을 살핀다.
생기(生氣). 천의(天宜). 복덕일(福德日)은 大吉이다.
화해일(禍害日). 절명일(絶命日)은 凶하다.
절체(絶體). 유혼(遊魂). 귀혼일(歸魂日)은 평일이다.

구분	남녀	남	여	남	여	남	여	남	여	남	여	남	여	남	여	남	여
		1	5		4	2	3	3	2	4	1	5		6	7	7	6
		8	12	9	11	10	10	11	9	12	8	13	15	14	14	15	13
		16	20	17	19	18	18	19	17	20	16	21	23	22	22	23	21
		24	28	25	27	26	26	27	25	28	24	29	31	30	30	31	29
＼나이		32	36	33	35	34	34	35	33	36	32	37	39	38	38	39	37
		40	44	41	43	42	42	43	41	44	40	45	47	46	46	47	45
구분		48	52	49	51	50	50	51	49	52	48	53	55	54	54	55	53
		56	60	57	59	58	58	59	57	60	56	61	63	62	62	63	61
		64	68	65	67	66	66	67	65	68	64	69	71	70	70	71	69
		72	76	73	75	74	74	75	73	76	72	77	79	78	78	79	77
		80	84	81	83	82	82	83	81	84	80	85	87	86	86	87	85
생기	吉	卯		丑寅		戌亥		酉		辰巳		未申		午		子	
천의	吉	酉		辰巳		午		卯		丑寅		子		戌亥		未申	
복덕	吉	辰巳		酉		未申		丑寅		卯		戌亥		子		午	
절체	平	子		戌亥		寅丑		未申		午		酉		辰巳		卯	
유혼	平	未申		午		辰巳		子		戌亥		卯		丑寅		酉	
귀혼	平	午		未申		酉		戌亥		子		丑寅		卯		辰巳	
화해	凶	丑寅		卯		子		辰巳		酉		午		未申		戌亥	
절명	凶	戌亥		子		卯		午		未申		辰巳		酉		丑寅	

17장 기타통변

1. 배우자 운
궁합을 보면 더 정확히 알 수 있지만, 본인 사주에 타고난 배우자 복이 좋은 경우는

. 서로의 일간이나 일지가 합이거나 희용신인 경우
. 용희신이 재성인 남자. 용희신이 관성인 여자
. 일간이 강한 남자는 일지가 재성(관성)인 경우
. 일간이 강한 여자는 일지가 관성(재성)인 경우
. 일간이 약한 사주는 일지가 인성 비겁인 경우
. 일지와 월지, 일지와 시지가 충하지 않아야 좋다.
. 여명에서 관성 자리가 튼튼하면 남편이 훌륭하다.
. 남명에서 재성 자리가 튼튼하면 부인이 훌륭하다.

. 신약한 여명에 관성이 튼튼하면 남편이 훌륭하지만 본인은
힘들다. 행운의 인성이나 비겁운에서 기를 펼 수 있다.
. 신약한 남명에 재성이 튼튼하면 부인이 훌륭하지만 본인은
힘들다. 행운의 인성이나 비겁운에서 기를 펼 수 있다.
. 여명에 재성이 많으면 남자를 잘 도와주고, 잘 키워준다.
. 귀인사주는 배우자복이 좋다. 丁酉 丁亥 癸巳 癸卯
. 남명이 신왕 인왕하면 재물이 깨지고 결혼도 어렵다.
. 일지.시지충이거나 원진살이나 귀문살이면 배우자 덕이
약하거나 백년해로가 어렵다.
. 신약사주에 일지가 편관이면 상대방이 폭력적이다.

---

2. 아내운 보는 법

① 처궁은 일지를 보며, 재성을 살핀다.
② 일지가 희용신이면 처덕이 좋고, 기구신은 불리하다.
③ 재성이 용신이고 상함이 없으면 현처이고 부귀한다.
④ 식상이 관성을 극하는데 재성이 통관하면 처덕에
　발복한다.
⑤ 일지에 식신, 정관은 무난하고 비견겁재는 불길하다.
⑥ 원국에 관살이 강할 때는 일지의 식상도 관살을 제압
해 주므로 길하다.
⑦ 재성이 약한데 식상이 생조하면 처덕이 있다.
⑧ 일주가 강하고 관살이 약한데 재성이 관살을 도우면
처덕이 있다.

⑨ 신왕하고 무재하고 식상이 없으면 처덕이 없다.
⑩ 관성이 왕하여 인성이 용신일 경우 재성이 인성을
　극하면 악처이다.
⑪ 신왕 관약에 재가 용신일 경우 비겁이 극재하면 해로
　하기 어렵다.
⑫ 재성을 타신이 합거하면 처가 외정한다.
⑬ 일시지가 상충이면 처자궁이 불리하다.
⑭ 甲午 丙戌 戊子 戊辰 庚辰 壬午 壬戌 일 남명이 천간에
재가 있으면 다른 여자와 정을 통하고, 부인이 의부증이
있다. 위의 일주들은 지장간의 재성이 일주와 합을 하고 있으므로
여자에 대한 애착이 강하고, 여자도 남자에 대한 애착이 강하다.
부인은 무의식적으로 의부증이 있다.

293　　　　　　　　　　　　　　　　　　유쾌한 사주

3. 남편 운 보는 법

① 남편운(부성夫星)은 관성으로 보고, 자식운은 식상으로 보는데, 관성이 없으면 재성으로 본다.

② 배우자 덕-일지가 자신에게 도움이 되는 희신이면 배우자 덕이 좋고, 기신이면 배우자 덕이 박하다.

③ 관성이 제압을 당하고 있는 사주는 그 제압이 풀리고 관성이 힘을 받는 운에 남편이 출세한다.

 이 때에 본인(여자)이 신강하면 남편이 출세를 하고 본인도 좋지만, 신약하면 강해진 관이 나를 강하게 극하니 오히려 폭군으로 작용할 수가 있다.

④ 신강사주에서 왕한 재성이 관성을 生하면 귀부인이다.

⑤ 관성에 종하면 남편복이 좋다. 사주의 전체적 기운이 관성으로 나와 같은 한편임으로 극하지 않는다.

⑥ 비겁이 많으면 한 남자를 두고 여러 여자가 다툰다.

 비겁은 자신과 같으므로 같은 여자이다. 여자가 많으면 남자는 적으니 남자를 차지하기 위한 다툼이 발생한다. 삼각관계 및 한 남자를 두고 다툼이 발생할 수 있다.

⑦ 재가 왕하고 관이 많으면 두 남편을 보고, 내 돈 주고 뺨 맞는다. 재는 관을 생한다. 돈으로 남편을 키우니 그 남자는 힘이 세어져 도적이 되어 나를 공격해 온다.

⑧ 정편관이 혼잡하면 두 집 살림할 수 있다.

⑨ 신왕한 사주에 관성이 약한 여자는 남편이 없거나 남편이 잘 되지 못한다. 일주가 신왕하면 그것을 치고 들어오는 관이 부러지거나 망가진다.

⑩ 상관이 너무 많으면 남편을 잃고, 관성이 많은데 제압하는 것이 없으면 화류계에 종사한다.

상관은 관성을 극하고, 관성은 남편이니 남편을 잃는다.

관성이 너무 많으면 남자가 많은 것이니 이것을 제압하는 것이 없으면 남자를 막지 못한다. 남자가 널려 있으니 화류계나, 남자 상대하는 직업을 가지면 낫다.

⑪ 巳午未월 戊己丙丁 일생은 독수공방한다.

여름의 土는 물이 부족하여 나무가 자라기 어렵다.

土일주 여자는 木이 남자인데 물이 없는 나무라 부실하다.

⑫ 亥子丑월 庚辛 일생은 밤이 외롭다.

겨울의 金일주는 주변이 춥고 얼었다.

불꽃이 일어나기 힘든 상황이다. 金의 남자는 火인데 사주 중에 火가 있으면 다행이나 火가 약하거나 없으면 외롭지 않겠는가.

⑬ 壬子. 癸亥. 壬申. 癸酉일생이 가을 겨울에 태어나면 성욕에 불만이 있어 일부종사하기 어렵다.

水가 많으면 음란기가 있다. 물은 흐르는 성질로써 항상 흘러가고 변화하고자 한다. 한 곳에 머무르기를 싫어하여 싫증을 잘 낸다. 그래서 한 남자에게 만족이 어렵다.

⑭ 甲午. 乙未. 丙午. 丁未. 戊申. 己酉. 庚子. 辛亥. 丁巳. 甲寅 일주는 부부화합이 어렵다. 부부궁이 비겁 식상 양인이라 부부운이 좋지 않다.

⑮ 일시가 辰戌이면 독수공방한다.

辰戌沖 뿐이 아니라 일시가 沖이면 대체적으로 부부운이 안좋다. 辰戌沖은 화개살이므로 그 작용이 더 크다.

⑯ 庚辰. 庚戌. 壬辰. 壬戌일생은 괴강살로서 자기주장이 강하고 대체적으로 부부운이 안좋다.

---

295   유쾌한 사주

⑰ 사주에 슴이 많으면 음란하다. 합은 친화력인데 합이
많으면 여러 사람과 친하게 되니 음란하기 쉽다.

⑱ 子午卯酉가 모두 있으면 사랑따라 살아간다.
⑲ 乙巳. 辛巳. 癸巳. 丁亥. 己亥 癸亥일 여명이 천간에 관이
있으면 다른 남자와 정을 통하고, 남편이 의처증이 있다.
　위의 일주들은 지장간의 관성이 일주와 합을 하고 있으므로
자신도 남자에 대한 애착이 강하고, 남자도　여자에 대한 애착이
강하다. 또한 남자에게 사랑을 받는다. 다른 곳에 관이 있으면
다른 남자들이 항상 넘보고 있는 상황이니 남자가 따르고, 남편은
무의식적으로　의처증이 있다.

㉑ 관성이 약한데 식상이 많으면 자식을 낳은 뒤 남편과
이별한다. 관성이 식상한테 깨지기 때문에 부부이별을
하거나 남편과의 사이가 멀어진다.

㉒ 정편재가 혼잡되어 있으면 두 시어머니를 모시고,
　인수가 많은 여자는 시어머니와 사이가 나쁘다.
　여자 사주에 재성은 시어머니이다. 남명에 정편재가
혼잡되었으면 시아버지가 바람을 피웠거나 재혼을 한
것이다.
㉓ 월주에 재성이 있으면 아버지가 완고하다.

4. 부부 이별운

부부가 사랑으로 만나서 합궁을 하고 새로운 오행을
탄생시켜 자식을 낳는 것이 천간합의 원리이다.
원국에 합으로 묶인 것이 영원하지 않고 충이나 합으로
풀릴 수 있는 것도 또한 오행의 이치이다.
예전 가부정적 농경사회에서는 여자가 따로 사회생활을
하지 않고 가족 구성원의 일부분으로 극히 제한적인 역할로
존재했지만, 요즘은 남녀가 평등하니 결혼이든 사회생활이든
누군가의 일방적인 희생을 기대하기는 어렵다.

개인의 행복이 가장 중요하지만 운에서 이별수가 올 때에는
해외근무나 파견근무, 주말부부, 월말근무, 주야교차근무,
각방 사용 등으로 이별을 면할 수 있다.

남녀 모두 배우자궁인 일지의 합충을 주의하고,
남명은 재의 합충을, 여명은 관의 합충을 주의한다.

생리사별 할 수 있는 경우를 살펴본다.
① 일주가 백호살인 경우, 특히 신약한 乙未 壬戌
② 신강 일주가 간여지동일 경우
 (신약 일주가 간여지동일 경우는 서로 의지처가 됨)
③ 일지 월지가 충이거나, 일지 시지가 충일 경우
④ 행운에서 일지를 합,충할 경우
⑤ 여자 일지가 상관인 경우
⑥ 남명에 재의 위치가 심하게 공격을 받을 경우

---

⑦ 여명에 관의 위치가 심하게 공격을 받을 경우

⑧ 남명에 행운에서 재가 일간과 합할 경우

⑨ 여명에 행운에서 관이 일간과 합할 경우

⑩ 남명에 행운에서 삼합국으로 재를 밀어낼 경우

⑪ 여명에 행운에서 삼합국으로 관을 밀어낼 경우

⑫ 여명에 행운에서 관이 형.충일 경우

⑬ 남명에 행운에서 재가 형.충일 경우

⑭ 신약사주에 일지가 관성 재성 식상이면 고달프다.

⑮ 신강사주에 일지가 인성이나 비겁이면 고달프다.

⑯ 일주가 신강한데 행운에서 또 강한 비겁이 오면 나와
같은 경쟁자가 또 들어오니 이별수가 있다.

時	日	月	年
庚	壬	壬	癸
子	戌	戌	巳

壬水 일간이 戌月에 生하여 백호 壬戌이 두 개다.
두 번 이혼한 사업가의 사주이다.

時	日	月	年
己	辛	庚	辛
亥	巳	寅	丑

辛金 일간이 寅月에 生하여 신약하다. 월지의 寅木 정재의
입장에서 보면 丑土와 辛金 庚金 辛金이 억누르니 숨이
막힌다. 행운에서 庚金이 들어오니 이혼하였다.

유쾌한 사주

5. 자식운 보는 법

① 시주를 자식궁으로 본다.

　남자는 관성의 상태, 여자는 식상의 상태를 본다.

② 시주가 용희신이면 자식복이 좋다.

③ 여명에 식상, 남명에 관성이 용희신이면 자식복이 좋다.

④ 여명에 식상공망, 남명에 관성공망, 시지가 공망이면
자식과의 인연이 박하다.

⑤ 신강한 여명에 식상이 튼튼하고 인성에 극을 당하지
않으면 자식이 훌륭하다.

⑥ 신강한 남명에 관성이 튼튼하고 식상에 극을 당하지
않으면 자식이 훌륭하다.

⑦ 시주에 재성이 튼튼하면 자식이 부자이다.

⑧ 일주와 시주가 합이면 부모자식간의 관계가 좋다.

⑨ 일주와 시주가 沖이면 부모자식간의 관계가 멀다.

⑩ 신약한 여명에서 식상의 자리가 튼튼하면 훌륭한 자녀를
얻지만 본인은 자식때문에 힘들다. 행운에　인성운이 오면
자식을 제압하고 큰소리 칠 수 있다.

⑪ 신약한 남명에서 관성의 자리가 튼튼하면 훌륭한 자녀를
얻지만 본인은 자식 때문에 힘들다. 행운에서 식상운이 오면
자식을 제압하고 활동력이 높아진다.

⑫ 남명-관성이 여명-식상이, 양간이면 아들, 음간은 딸이다.

⑬ 남명-행운이 재성이 오면 자식이 힘 받고 발전한다.

　여명-행운이 비겁이 오면 자식이 힘 받고 발전한다.

---

6. 무자식운

1) 여자 사주에

시지와 식상의 상태로 추론하는데 식상이 자라날 수
없는 환경이면 자식 두기가 힘들다.

① 인성이 태강하면 식상을 극할 때
② 시주가 공망, 형충일 때
③ 신약사주에 식상이 너무 태왕하거나 약할 경우
④ 일주와 시주에, 식상이 형충할 때

⑤ 행운에서 시주를 형충할 때
⑥ 일주 시주에 인성이 태과할 때
⑦ 화염토조(火炎土燥). 수다목부(水多木浮).
금수한랭(金水寒冷)등으로 식상이 자라나기 어려운 환경

화염토조(火炎土燥): 화기가 태왕하여 땅이 마르고 갈라진다.
땅은 습기가 있어야 씨앗이 배양되며 초목이 뿌리를 내리는데
메마르고 갈라진 땅에서는 이런 작용이 어렵다.

수다목부(水多木浮): 나무가 땅에 뿌리를 내려야 배양하고
성장하는데 물이 너무 많으면 뿌리가 뽑혀서 물에 떠내려간다.

금수한랭(金水寒冷): 발아를 하려면 적당한 온도가 있어야 되는데
金氣와 水氣로 너무 춥고 차가우니 발아하기가 어렵다.

2) 남자 사주에

관의 상태가 불안정하면 자식 얻기가 힘들다.
① 신태약 일주에 관성이 없거나 관성이 형충일때.
② 관성이 약하고 상관이 태과할 때.
③ 비겁이 왕하고 재가 약할 때.
④ 너무 조열하거나 한랭하여 관이 자랄 수 없을 때.

〈조열한 여자사주〉

時	日	月	年
甲	丙	壬	庚
午	寅	午	戌

丙火 일간이 午月에 生하여 득령하여 신강하고 지지가
寅午戌火局을 이루니 火의 기세가 강하다. 丙火의 식상은
土인데 연지의 戌土가 寅午戌火局으로 변하니 土의 기능을
하지 못한다. 시험관아기를 여러번 시도하였으나 결국은
자식을 얻지 못하였다.

〈무관 남자사주〉

時	日	月	年
庚	甲	甲	己
午	戌	戌	亥

甲木 일간이 戌月에 생하여 신약하다.
자식궁의 일,시지가 午戌合으로 강한 식상이 관을 극하니
庚金이 녹아 버리겠다. 관성이 버틸 수 없는 환경으로
자식을 얻지 못하였다.

301   유쾌한 사주

7. 장수하는 운, 단명한 운

1) 장수하는 사주

일간이 튼튼하고, 용신이 득국하여 건왕하며 형충이 없고, 오행의 균형이 잡혀 중화를 이루고 사주가 전체적으로 순환상생이 잘되며, 운의 흐름에서 형충이 없이 순조롭게 흘러가면 부귀하고 장수한다.

① 용신이 튼튼한 사주
② 기구신은 합으로 제거한 사주
③ 신왕하지만 관살이 약하고 재성이 있는 사주
④ 신왕하고 재성이 약하나 식상이 있는 사주
⑤ 일주가 약하지만 인성의 생조를 잘 받고 있는 사주
⑥ 대운이 용신 희신을 극하지 않는 사주
⑦ 조후가 잘 이루어진 사주
⑧ 용신이 시지에 뿌리를 두고 있는 사주

時	日	月	年					대운			
丙	乙	癸	壬		庚	己	戊	丁	丙	乙	甲
子	卯	丑	子		申	未	午	巳	辰	卯	寅

乙木 일간이 水왕절에 출생하여 신강하다.
시상의 丙火는 강한 卯木에서 생조받고 대운이 동남방으로 흘러 한기를 녹이고 乙木을 꽃피우게 하니 장수하였다.

2) 단명하는 사주

기가 한쪽으로 치우쳐 있고, 일주가 신태약하거나 용신과 희신이 약하고 병이 있을 때에 약이 없으면 단명하다.

① 오행이 편중되고 용신이 쇠약하거나 형충한 경우
② 일주가 약하고 기신이 강할 경우
③ 대운에서 사주 내의 희신을 극할 경우
④ 역마와 양인이 같이 있고 충이 심한 경우
⑤ 신약한데 관살이 중첩되고 식상이 없는 경우
⑥ 인성이 약하고 식신, 상관이 많은 경우
⑦ 행운에서 식상이 와서 식상이 태과할 경우
⑧ 정편관이 혼잡되어 있는 중, 강한 재운을 만나는 경우

時	日	月	年				대운				
戊	辛	己	庚	壬	癸	甲	乙	丙	丁	戊	
戌	酉	丑	寅	午	未	申	酉	戌	亥	子	

辛金 일주가 월주를 얻고 득지하여 태강하다. 인성이 강하여 약신이 되는 연지 寅木을 용신 삼으나, 대운이 흉하여 건강치 못하던 중, 申대운에 이르자 용신 寅木에 寅申沖하니 일찍 간경화로 세상을 떠났다.

8. 시험운

행운이 용희신이면 길하고, 기구신이면 흉하다.
시험운은 인성, 식상, 행운으로 살핀다.

① 시험운은 인성과 행운을 살핀다.
 용신 대운, 용신 세운이면 시험에 합격한다.
 인성을 행운에서 관성이 합을 하면 합격한다.
② 인성이 안정적이고 관인상생이 잘 되면 좋고,
 인성이 형충극이면 불리하다.
③ 식신격의 사주가 신강하면 시험운이 좋다.

④ 살중용인격에서 재성이 강하면 인성을 극하므로
 불리하다.
⑤ 인성이 많아서 왕한 사주는 재성이 오면 기신 인성을
극해서 시험운이 좋다.

⑥ 용신 대운에 기신 세운은 불리하나, 어렵게 합격하고
⑦ 기신 대운, 용신 세운은 겨우 합격, 또는 불합격이다.
⑧ 기신 대운에 기신 세운은 합격이 어렵다.

유쾌한 사주

9. 승진운. 취업운

① 승진운, 취업운은 관성, 인성, 행운을 살핀다.
 행운에서 튼튼한 관성이 오거나, 관성이 일주와 합을 하면 승진하고 취업한다.
② 관성이 튼튼하고 용신운이면 승진,취업에 유리하다.
③ 원국의 관성이 약한데 재성운이 오면 관성이 살아나서 승진하고 취업한다.

④ 관성이 약한중 상관이 관성을 극하면 자리이동을 낮은데로 하거나 퇴직할 수 있다.
⑤ 비겁이 연월에 있어서 관성과 합을 하면 능력이 뛰어나도 승진이 늦다. 경쟁자가 먼저 관합을 한다.
⑥ 용신 대운, 용신 세운이면 합격한다.
 시험으로 갈 경우, 인성을 행운의 관성이 합을 하면 취업한다.

⑦ 관성이 많으면 직장을 자주 옮긴다.
 관성이 많은 것 보다는 적고 튼튼한 것이 안정적이다.
⑧ 식상이 하나이면 한 우물을 파는 경향이 있고,
 식상이 많으면 다재다능해서 일 할 곳이 많다.
⑨ 재성이 많으면 수입원이 많다. 약한 재성이 여러군데 있으면 바쁘기만 하고 실속은 적다.
⑩ 관이나 재성이 寅申巳亥이면 바쁘게 돌아다니면서 경제 활동을 한다.
⑪ 행운에서 재성운이 오면 새로운 일을 도모한다.

10. 재물복이 좋은 운

① 신왕 재왕하고 형충되지 않을 것.
　신강한 사주에 용희신이 재성인 경우
② 월지가 재성인 경우
③ 신왕 재왕하고 식상이 약한데 행운에서 식상이 올 때
④ 신왕 식상왕, 재성이 약한데, 행운이 재성이 올 때
⑤ 재다신약사주에 행운에서 비겁운이 올 경우

⑥ 재성이 있고 비겁이 많은 사주를 행운에서 비겁을
　합하거나 충해서 비겁을 줄여줄 경우
⑦ 신약 사주에 재성이 튼튼하거나 국을 이룬 경우, 운에
　서 재성을 도우면 재물복은 좋으나 건강이 흉하다.
　행운에서 비겁이나 인수운이 오면 건강해진다.
⑧ 재성이 합을 하여 다른 오행으로 化하면 재물이 흉하
　고, 합을 하여 재성으로 化하면 길하다.

⑨ 재성이 연주에 있으면 초년에 재물복이 좋고, 월주에
있으면 청년기에 재물복이 좋고, 일주에 있으면 중년기와
배우자로 인해 재물복이 좋고, 시지에 있으면 말년기와
자식으로 인해, 자식에게도 재물복이 좋다.
⑩　일지가 재고귀인(財庫貴人)이면 일지 지장간에 재성의
창고가 있으니 재물복이 좋다. 재고귀인 일주는 甲辰
丙戌 丁丑 戊戌 己丑 辛未 壬戌이고, 이 외에도 일지가
재성이면 배우자가 재력가이다.

---

11. 인덕이 좋은 운

① 귀인일주(丁酉 丁亥 癸巳 癸卯)는 인복이 좋아서
   어려운 일에도 전화위복이 되고 대인관계도 유리하다.
② 신약사주는 사람으로 인해서 힘을 얻으니 평소에
   인맥관리를 잘 하면 좋다. 이성보다는 동성이 더 좋다.
   크고 작은 모임에도 많이 나가는 것이 유리하다.
   호운이 오면 그들로 인해서 힘을 받을 수 있다.

③ 신약한 사주는 친구, 동료, 동업자, 협력자, 조력자 등
   의 협조를 얻기 수월하다.
④ 신강한 사주는 협력자보다는 경쟁자가 더 많다.
⑤ 신강한 사주는 동업을 하면 이득이 적으므로
   독립적인 일이 좋다.

⑥ 신약한 사주는 동성이, 신강한 사주는 이성이 좋다.
   신약한 남자는 여자 덕이 적고 남자덕이 더 좋다.
   신약한 여자는 남자 덕이 적고, 여자덕이 더 좋다.
⑦ 신강한 남자는 남자 덕이 적고 여자 덕이 더 좋다.
   신강한 여자는 여자 덕이 적고 남자 덕이 더 좋다.
⑧ 본인의 천을귀인이 있는 사람을 만나면 좋다.

12. 변동 이동수

① 행운이 본인의 일간과 같으면 자리이동을 한다.
 (이사, 직장, 인간관계등)
② 寅申巳亥 역마가 沖되면 이동이 있다.
③ 상관이 정관을 극하면 직장변동이 있다.

④ 인성운에 문서를 쓰면서 자리 이동, 주거지 이동이
  가능하다.
⑤ 식상이 많으면 영역확장을 하면서 이동변화가 많다.
⑥ 水가 많으면 물을 건너는 등의 이동변화가 많다.

⑦ 지지에 형,충이 많으면 이동변화가 많다.
⑧ 인성과 관성이 충극당하면 이동변화가 많다.
⑨ 이동변화의 글자가 극이나 합을 당하면 그 기간은
  이동운의 효력이 정지된다.
⑩ 시지충이면 여행을 할 수 있다.

13. 문서 계약운

　인성 운에 매매나 임대, 자동차, 주요자산, 연봉협상,
기타 권리계약에 관한 문서계약이 많이 발생한다.
문서내용의 허실은 자신의 운에 따르는데, 용희신의 해에
이루어지면 이득이 있고, 기구신의 해에는 이득이 적거나
손해가 있다.

① 모든 문서 관계는 용신, 희신해에 가장 吉하다.
② 인수가 기신인데 인수운에 이루어지는 계약은 이익이
　적거나 손해이다.
③ 인수가 기신운이면 인수운에 보증을 서게 되고 서류
나 문서 등을 분실할 수 있고, 순간적인 착각으로
책임질 일에 도장을 찍을 수 있으니 주의가 필요하다.

④ 인수가 용신이며 인수운이 오면 학생은 공부가 잘 되
고 직장인은 승진하고, 환자는 건강을 회복한다.
⑤ 인수운이 용신이면 부동산 매매가 이루어지고 사업이
　번창하고 해외출입 및 살림살이가 늘어난다.
⑥ 식상이 용신이면 식상운에 매매 및 신규사업, 승진 등
의 일이 발생한다.

⑦ 재성이 용신이면 재성운에 매매와 문서계약이 이루어
지고 관을 生하여 승진과 명예도 따른다.
⑧ 관성이 용신이면 관성운에 문서계약이 되며, 시험합격
이나 진급 등이 따른다.

14. 해외유학 및 이민운

해외 유학 및 이민의 운이 발생하는 경우는

① 사주 내에 인수국을 이루거나 합국 또는 沖이 되어
  이동을 암시할 경우
② 사주 내에 역마성이 있을 경우
③ 지지에 寅申 巳亥 沖이 있을 경우
④ 일지가 역마나 지살과 삼합국일 경우
⑤ 역마와 재관이 합을 이룰 경우
⑥ 인성 용신인 사람에게 역마살, 지살운이 들어올 경우
⑦ 인성이 용신인 사람에게 편인운이 올 경우
⑧ 사주 내에 水가 많거나 행운에서 강한 水운이 올 때
⑨ 용신대운. 희신대운에 들 경우

時	日	月	年
壬	癸	辛	乙
子	酉	巳	丑

  癸酉 일간이 巳月에 生하였으나 지지의 巳酉丑 金局이
강하게 水를 생함으로 물바다가 되었다. 유학을 하였다.

시주에 역마나 지살이 있으면 해외에서 살 수 있다.
연주나 월주에 水가 많고 壬癸일생은 해외에서 살 수 있다.
水가 많으면 어느 한 곳에 정착하기 어렵다.
亥子년월에 甲乙일생은 해외에서 살수 있다.(水多木浮)

18장 오행의 체성론(體性論)

오행의 체성(體性)은 각각 오행의 고유한 기운이 있으나 주변
환경에 따라 모양이 변한다. 한쪽으로 치우쳐 불균형이 되면
그로 인해 오행의 모양이 변하고 십성의 작용도 함께 변한다.

1. 木의 체성

1. 강목(强木)甲乙: 比劫多身强

甲乙木일간이 寅卯辰月生이나 사주에 木이 많아 강한 경우

. 木(비겁)을 만나면: 강목이 더욱 강하게 뭉쳐서 식상이 막혀서
하고자 하는 일이 정체된다. 처자를 극하고 재물이 흩어진다.
투쟁과 불화가 많고 강한 관살로 제어함이 좋다.

. 火(식상)을 만나면: 강한 木기운을 발산하고 火를 생하여 세상을
밝혀주니 활발하다. 정체되고 막혔던 일들이 풀린다.
火가 없으면 지능이 떨어지고 순발력이 뒤진다.

. 土(재성)을 만나면: 나무가 땅에 뿌리를 내릴수 있어서 좋고
득재한다. 하지만 木은 강한데 土가 약하면 적은 재산을 놓고
서로 다투는 군겁쟁재가 일어난다.

. 金(관성)을 만나면: 목재를 다듬어 연장을 얻으니 명성을 얻는다.
하지만 金이 약하여 무력하면 칼날이 부러지듯 쓸모가 없다.

. 水(인성)를 만나면: 다 자란 어른이 어머니에게 의지하는
현상이니 매사에 자신이 없고 막히고 지체됨이 많다. 생각만 많고
실행에 옮기지 못하니 신경이 예민하다.

2. 약목(弱木) 甲乙: 身弱四柱

甲乙木 일간이 실령하고 실지하였거나 사주 내 木을 돕는 세력이 약해서 신약한 경우

. 木(비겁)을 만나면: 고행의 길에서 의인을 만나 친구를 삼고 형제, 친구,지인들의 협조가 있다. 동업이 길하다.

. 火(식상)을 만나면: 가뜩이나 약한 목이 급속하게 힘이 빠져나가니 병들고 쇠약한 자가 온갖 망상에 사로잡혀 매사 의욕을 잃고 무기력하다.

. 土(재성)을 만나면: 허약하고 무능한 중에 재물을 보니 욕심만 가득 발동하여 분수에 넘는 허욕을 부리게 된다. 손재수가 따르니 조심해야 된다.

. 金(관성)을 만나면: 약목이 관살에게 또 극을 당하니 온몸이 피멍이 드는 꼴이다. 정신적으로 힘들고, 관재수나 생명의 위협까지 있을수 있으니 조심해야 한다.

. 水(인성)을 만나면: 허약한 나무가 생명수를 만나니 힘이 솟고 생기가 돈다. 환자는 건강이 회복되며 학생은 성적이 오르고 시험에 합격하고 윗사람의 조력을 얻는다.

3. 분목(焚木) 甲乙: 食傷多身弱

水氣가 없는 상태에서 火多가 되면 불길에 타들어가는 현상이니 凶하다. 火多木焚(화다목분)

. 木(비겁)을 만나면: 비겁운으로 좋을 것 같으나, 타고 있는 불길에 나무를 더욱 불사르니 화염이 치솟아 더 큰 재앙이 발생하게 된다.

. 火(식상)을 만나면: 타들어가는 일간이 더욱 불길에 희생되는 것이니 허약하고 질병에 시달리게 되며 현실성 없는 상상으로 피해의식과 노이로제 등 정신병에 시달릴 수 있다.

. 土(재성)을 만나면: 화기를 설기시켜 한 숨 돌리게 되나 결국 불 속에 흙이 뜨거워져 조토가 되고 꿈만 커지게 된다. 일확천금을 꿈꾸다 투기나 도박을 하다 패망할 수 있다.

. 金(관성)을 만나면: 화기가 분산되어 주위 환경은 다소 나아지더라도 나무가 도끼로 쪼개지는 격이니 사고나 질병으로 화를 당할 수 있다.

. 水(인성)을 만나면: 불을 끄고 타들어 가는 나무를 살려낸다. 생기를 찾고 원하던 일을 제대로 할 수 있고 취직이나 시험에 합격하고 안정된 생활을 할 수 있다.

焚(불사를 분)   折(꺾을 절)   浮(뜰 부)   斷(끊을 단)

---

4. 절목(折木) 甲乙: 財多身弱

木이 土를 극하는 원리이지만 木이 약하고 마른 土가 강하면 목이 꺾이고 부러진다. 土多木折(토다목절)

. 木(비겁)을 만나면: 혼자 힘들어하다 지원병을 만나니 힘이 솟아나고 협동이 잘 되어 밭에 널린 과실들을 모두 수확할 수 있다. 막혔던 것들이 풀리고 건강도 좋아진다.

. 火(식상)를 만나면: 굳은 땅에 강렬한 태양이 비추어 조토를 만드니 물 한 모금 없는 사막을 걸어가는 현상이다. 기진맥진하여 건강도 흉하고 매사 지체되고 막힌다.

. 土(재성)를 만나면: 넓은 땅이 메마르고 단단하여 약한 나무는 살아남을 길이 막막하다. 능력을 잃고 자금조달이 막히고 사업은 부도나기 쉽고 부친에게 불상사가 생길 수 있다.

. 金(관성)을 만나면: 고목이 도끼를 만났으니 가지는 가지대로 뿌리는 뿌리대로 분산된다. 의욕이 상실되고 강박감이 생기고 비관적인 정신적 고통을 겪을 수 있다.

. 水(인성)를 만나면: 수는 마른 땅과 마른 나무에 단비와 같아서 토를 윤택하게 하고 목은 뿌리를 내리고 잎이 무성해지니 지체되었던 일들이 잘 풀리고 건강해지고 힘을 받는다.

5. 부목(浮木) 甲乙: 印綬多身旺

木은 원래 水에 의지하지만 水가 지나치게 많으면 부목이 된다.
사주에 水가 많은데 金水를 만나면 극처(剋妻), 극자(剋子)하고
정처없이 표류하게 된다. 水多木浮(수다목부)

. 木(비겁)을 만나면: 떠내려가던 나무가 동행자를 만나게 되어
조그만 힘을 얻고 외로움은 면하지만 장마철의 물살은 막을
도리가 없어 계획하던 일들이 성공을 못한다.

. 火(식상)를 만나면: 장마철에 떠내려가던 나무가 햇빛을 보니
날씨는 화창하나 많은 물 위에 떠 있어서 큰 불이 아니면
구제받기 어렵다. 하지만 따뜻하기는 하니 조금은 좋다.

. 土(재성)을 만나면: 나무가 뿌리를 내리고 착지를 할 수 있으니
반갑다. 풍성한 곡식을 거둘 수 있고, 댐을 만들어서 물을 가둘 수
있으니 좋다.

. 金(관성)을 만나면: 金이 水를 生하여 물이 더 넘치니 홍수에
태풍까지 맞는 격이다. 처자를 극하고 지아비와 이별하며 하는
일들이 성사되지 않는다. 인수가 없는 관은 비겁을 극하지만
인수가 있으면 관인상생을 하여 비겁을 극하지 않는다.

. 水(인성)을 만나면: 부목이 된 중에 또 홍수를 만난 격이다.
표류하던 나무가 어느 한곳 발 붙일 곳 없이 유랑하니
매사 막히고 인정을 받기 어렵고 한곳에 머물지 못한다.

6. 단목(斷木) 甲乙: 官殺多身弱

약한 木을 金도끼로 치니 팔다리가 잘리듯 병약하고,
의욕이 약하고 질병 수술이 잦다. 金多木斷(금다목단)

. 木(비겁)을 만나면: 쇠방망이를 든 강도 앞에서 꼼짝 못하다가
용감한 친구를 만나 함께 대항하니 용기가 난다. 일부 위기를
모면할 수는 있으나 공동으로 화를 입기도 한다.

. 火(식상)을 만나면: 날뛰는 맹호를 제압하는 것처럼 金을
제압하게 되어 생명을 구하고 기사회생할 수 있다. 사주에 水가
있어야 발복하기에 수월하다.

. 土(재성)을 만나면: 강도의 쇠방망이가 더 커져서 무서우니 벌벌
떠는 격이다. 돈이 안된다. 이런 운에 돈을 많이 벌게 되면 처자가
사고를 당하거나 흉사가 따른다.

. 金(관성)을 만나면: 설상가상으로 강도가 칼을 들고 총까지
들었다. 동업자나 형제가 패망하고 신변이 위태로우며 연쇄적으로
망해가는 꼴이다. 강한 식상으로 구제한다.

. 水(인성)을 만나면: 잘린 나무가 수를 만나니 절처봉생으로
기사회생한다. 귀인을 만나게 되고 공부를 잘 하고 문서로 이득을
볼 수 있고, 환자는 회복하고 좋은 소식이 많다.

2. 火의 체성

1. 강화(强火) 丙丁: 比劫多身强

丙丁火 일간이 巳午未寅卯월에 生하고 사주에 火가 많은 경우. 土金水가 있거나 운에서 만나면 발복한다. 强火의 사주는 종격이 되지 않는 한 실패와 어려움이 많다.

. 木(인성)을 만나면: 강한 火에 더욱 에너지를 공급하니 불난 집에 부채질 하는 격이다. 일간이 불길에 휩싸여 재를 녹이니 사업에 실패하고 극처,극부하고 제사 허망하게 된다.

. 火(비겁)을 만나면: 화염에 휩싸여 모든 것이 다 타버린다. 무분별하게 과욕을 부리다 재산을 탕진하고 혈육이 분산되고 가정이 파탄나고 정신병이 올 수도 있다.

. 土(식상)을 만나면: 화기를 설기하니 생산적인 일에 활기를 띠고 사주가 윤택해지니 사회적으로 인정을 받겠다. 하지만 조열한 토는 설기가 어렵고 습토는 설기를 잘해서 발전한다.

. 金(재성)을 만나면: 火를 분산시키며 水를 生하여 준다면 재생관이 되니 안정을 도모하고 평안하고 발복한다. 水가 없이 金만 오면 효과가 적고, 水를 동반한 金이라야 좋다.

. 水(관성)을 만나면: 火를 제압하는 관살로 품위와 명예가 높아지고 원하는 일이 성사되고 이름을 날리며 발전한다. 水만 오면 복이 적고, 金을 동반한 水이면 크게 발복한다.

2. 약화(弱火) 丙丁: 身弱四柱

丙丁火 일간이 추동절에 출생하고 사주에 金水가 旺하거나 다른 절기에 生하여도 일간이 약한 경우

. 木(인성)을 만나면: 허약한 사람이 보약을 먹고 원기를 회복하듯 의욕이 발현되고 윗사람의 조력을 받고 안정을 이루며, 학업운과 시험운 문서운이 좋아지면서 부자가 된다.

. 火(비겁)을 만나면: 신약한 사람이 힘들게 살아가다 진실로 도와주는 사람을 만나 상부상조하니 활기가 넘치고 재능을 발휘하게 된다. 재성이 많으면 주변의 도움으로 득재를 한다.

. 土(식상)을 만나면: 조토를 만나면 화기가 보존되어 어려움을 면할 수 있지만 습토를 만나면 극설교가로 인하여 자승자박할 수도 있고, 남 일에 참견하다 자신이 당할 수가 있다.

. 金(재성)을 만나면: 대장간의 불꽃이 약한 중 심술꾼이 와서 고철을 더 집어넣으니 화력을 잃고 꺼져버리니 쓸모없게 된다. 재다신약으로 패망하거나 부친에게 흉사가 있다.

. 水(관성)을 만나면: 병든 자가 독약을 마시는 것과 같으니 위급한 사고나 질병에 걸릴 수 있고 관재구설로 감옥에 갈 수도 있다. 정신질환이나 안전사고도 조심해야 한다.

3. 멸화(滅火) 丙丁: 印綬多身旺

火일간이 인성인 木이 너무 강하면 불이 타오르지 못하고
꺼져버린다. 木多火滅(목다화멸)
설하는 土가 있어도 강력한 화기에 조토가 되어 버릴 수
있고, 왕한 木에게 극을 당하여 화기를 설기하지 못한다.

. 木(인성)을 만나면: 火가 더욱 기승을 부릴 것 같지만 아궁이는
작은데 나무를 무리하게 넣는 꼴이니 연기만 피우다 불꽃을
죽이는 현상이다. 도장을 찍다가 중도에 실패한다.

. 火(비겁)을 만나면: 신강한데 나무까지 많으면 오히려 불길이
타오르지 못하고 불이 꺼지게 되니 매사 보람이 없고 결과물이
없다. 재물을 극하고 발전이 안된다.

. 土(식상)을 만나면: 나뭇가지가 가득한 모닥불에 허약한 불꽃이
타고 있는데 모래를 끼얹으니 모닥불은 볼품이 없어진다.
활동력이나 자식에 관한 일이 막히고 지체된다.

. 金(재성)을 만나면: 木을 잘게 쪼개서 불꽃을 살려주니 생기를
얻은 불꽃이 활활 타올라 세상을 밝게 하고 모든 일이 발전한다.
안정적이 되고 일이 막혔던 일이 술술 풀린다.

. 水(관성)을 만나면: 나무가 많아 불꽃이 쇠약한데 水를 만나면
나무가 더욱 습해지니 연기만 피어오르고 화는 전혀 힘을 쓸 수가
없다. 직장으로 인하여 건강으로 인하여 피해가 있다.

熾(성할 치)   晦(그믐 회)   熄(꺼질 식)   滅(멸망할 멸)

4. 회화(晦火) 丙丁: 食傷多身弱

火일간에 습토가 많아서 火의 기운이 심하게 빠져 나가는 경우이다. 土多火晦(토다화회) 회화(晦 어두울회)가 되면 판단력이 흐려지고 건강이 약화된다.

. 木(인성)을 만나면: 불기운을 설기하는 土를 극제하고 꺼져가는 火를 生해 주니 환자가 명의를 만나 치유함을 받는 격이다. 기다렸던 때를 만났으니 계획하는 일들이 성취, 발전한다.

. 火(비겁)을 만나면: 일간의 설기를 대신하여 주니 친구나 형제의 도움으로 평안해진다. 한시적인 안정은 있겠으나 크게 발복하기는 어렵다.

. 土(식상)을 만나면: 약한 화기가 더욱 설기를 당하여 빛을 잃으니 눈이 침침하고 판단이 흐려진다. 매사 허황되고 무모하니 계획을 하여도 불성하겠다.

. 金(재성)을 만나면: 왕토를 설기하여 잠시 일간에게 부담을 덜어주는 듯 하나 金에게 설기당한 土가 결국 화기를 더욱 설기하니 일간은 지쳐서 건강이 흉하고 매사 일장춘몽이겠다.

. 水(관성)을 만나면: 약한 火일간이 土가 중중한데 水를 만나면 火는 극을 당하여 재앙이 따르고 배신 및 재물을 잃고 건강이 흉하다. 단 木의 인성이 있다면 기사회생할 수 있다.

유쾌한 사주

5. 멸화,식화(滅火,熄火) 丙丁: 財多身弱

오행의 원리상 火가 金을 녹이지만 金이 태강하면 오히려 약한 불이 꺼진다. 金多火熄(금다화식) 金多火滅(금다화멸)

. 木(인성)을 만나면: 약한 화일간이 불꽃이 살아나니 생기가 솟는다. 화가 강해지니 금을 녹이고 재물로 만들 수 있다. 학업이 오르고 문서와 계약운이 좋고 인덕을 볼 수 있다.

. 火(비겁)을 만나면: 나와 같은 불을 만나니 없던 힘이 솟아나서 능히 금을 다스리게 되어 큰 재물을 얻는다. 형제 친구의 도움이 따르고 사회적, 인간적 활동에 구심점을 찾는다.

. 土(식상)을 만나면: 약한 火가 金이 많아서 기진맥진하는데 土가 나타나 火의 정신을 빼서 金을 생해주니 정신적 육체적 질병이 있겠다. 일을 시작하다가 실패를 할 수 있다.

. 金(재성)을 만나면: 火가 金多하여 꺼져 가는데 또 金을 만났으니 먹지 못할 재물을 또 만났다. 돈에 치여 숨통이 막힐 지경이다. 제사 허망하니 돈 보기를 돌같이 하는 것이 좋다.

. 水(관성)을 만나면: 행운에서 관성 水운을 만나면 약한 불에 물을 퍼부으니 불꽃이 꺼진다. 병고에 시달리거나 실패를 하게 되고 불행한 사고를 당할 수도 있다.

6. 멸화(滅火) 丙丁: 官殺多身弱

약화(弱火)를 태왕한 水가 불을 꺼버린다. 水多火滅(수다화멸)
水가 불을 끄니 질병이 있고 실패가 많다.

. 木(인성)을 만나면: 쇠약한 불꽃이 실낱같은 광명을 찾은 것이다.
모친의 보살핌과 귀인을 만나니 얻고 계획하던 바를 이루고,
학업성적이 좋아지고 문서운이 좋고 건강이 회복되겠다.

. 火(비겁)를 만나면: 약한 불이 물벼락을 만나 불길이 꺼져
가는데 동무를 만나 함께 힘을 얻으니 용기가 난다. 비겁만으로는
부족하고 인성과 함께 오면 더 힘을 받는다.

. 土(식상)을 만나면: 신약한 화가 수기를 만나면 위험한데,
조토이면 댐을 만들어 수기를 막아주니 한숨 돌리기는 하나,
화가 설기되니 건강과 질병이 발생할 수 있다.

. 金(재성)을 만나면: 水가 왕해서 火가 쇠약한데, 金은 水를 더
강하게 해주니 설상가상(雪上加霜)이다. 재물이 아무리 좋아도
나를 치는 관살을 돕는 재물은 칼날이나 다름 없다.

. 水(관성)을 만나면: 약한 불꽃이 이슬비를 맞고 있는데 소나기가
쏟아지니 암흑천지이다. 매사 중단되고 사고수나 관재수, 질병등이
발생할 수 있다. 인성 목이 있다면 구제가 가능하다.

3. 토의 체성(體性)

1. 강토(强土) 戊己: 比劫多身强

辰戌丑未 月生으로 사주에 火土가 많은 경우이다.
土가 오행의 근간이지만 지나치게 강하면 타오행을 묻고
매장한다. 土만 강하고 타오행이 약하면 사람이 고집스럽다.

. 木(관성)을 만나면: 왕한 土氣를 분산시켜 木이 농사를 짓게
되니 결실을 본다. 제 능력이 발휘 된다. 관살의 힘을 입어 원하는
자리를 얻거나 입신출세를 할 수 있다.

. 火(인성)을 만나면: 메마른 황무지에 태양이 작열하니 만물이
생장할 수 없고 말라 죽는다. 결실이 없으니 재물이 빈곤하고
무능력하고 독단적으로 인덕이 부족하다.

. 土(비겁)을 만나면: 강한 土가 무리를 이루게 되니 산사태가
난다. 환경 적응을 못하고 타인의 충고를 무시하고 고립되며 수가
있다면 군겁쟁재의 현상으로 재물의 손해가 있다.

. 金(식상)을 만나면: 뭉쳐있는 기를 설기할 수 있어 지혜가
발현된다. 적극적으로 움직이고 생산활동이 잘 되며 재물을
얻으니 강토에게는 가장 좋다. 막혔던 일이 잘 풀린다.

. 水(재성)를 만나면: 촉촉한 땅이 되니 활동을 하고 쓸모 있어서
능력이 발현된다. 하지만 식상이 없으면 강토가 쟁재를 하게 되니
오히려 탈재를 당하게 된다.

---

2. 약토(弱土) 戊己: 食傷,官殺,財星 多 身弱

土가 실령하고 생부하는 것이 약하거나, 득령 했어도
金水木이 많으면 약토가 된다. 행운의 火土를 만나면 좋다.

. 木(관성)을 만나면: 작은 전답에 농작물이 빽빽하게 들어서서
土의 영양분은 농작물이 다 흡수해 버리니, 토는 위축되고
실패하고 신용을 지키지 못하고 관재수를 당할 수 있다.

. 火(인성)을 만나면: 약토를 생해주니 생기가 솟고 윗사람의
음덕과 인덕으로 신용회복을 한다. 태양을 보면 움이 트듯이
학업성적이 오르고 시험에 합격하고 문서운에 이익이 있다.

. 土(비겁)을 만나면: 약한 토가 면적을 확대하여 땅값이 올라가고
농사를 배로 지을 수 있다. 형제나 친구의 도움을 받고 인덕이
찾아든다. 자신감이 생겨 사회적 실현성이 높아진다.

. 金(식상)을 만나면: 약토가 더욱 설기를 당하니 건강이 약해진다.
허황된 생각이 많아 신경만 쓰게 되고 신용을 잃게 되고 바쁘게
움직여도 소득이 적다.

. 水(재성)을 만나면: 얕은 논둑에 물이 넘치고 빈약한 산비탈에
장마가 내려 산사태가 난다. 약한 土가 물길에 유실되어 모든
것이 쓸모 없다. 의지는 있는데 다스릴 능력이 약하다.

焦(그을릴 초)   變(변할 변)   流(흐를 유)   傾(기울 경)

3. 조토, 초토(燥土,焦土) 戊己: 印星多身强

火가 태과하면 불로 흙을 달구니 조토, 초토(燥土, 焦土 마를조, 태울초)가 된다. 흙에 수분이 없이 메말라 있으니 농작을 할 수가 없다. 무토가 화염하면 곤고하여 부자로 살기 어렵다. 火多土燥(화다토조)

. 木(관성)을 만나면: 메마른 땅에 더욱 火氣를 돋구니 흙은 더 조열해져서 갈라지고 분산되니 흉하다. 조토는 관을 얻기 힘들고 습토는 나무가 뿌리를 내릴 수 있으니 좋다.

. 火(인성)를 만나면: 메마른 논밭에 한낮의 태양이 작열하니 초목과 곡식이 다 타죽을 지경이다. 재물이 한 점 남기 어렵고 사업실패와 가정파탄에 건강도 악화될 수 있다.

. 土(비겁)을 만나면: 뜨거운 火土가 많은데 습토가 덮어준다면 열기를 식히고 갈증을 없애주니 약간의 재물을 지닐 수 있으나 흙 위에 또 흙이 쌓이는 것으로 큰 발복은 어렵다.

. 金(식상)을 만나면: 사주에 수가 있다면 금은 뜨거운 토기를 설기하여 水를 생해주니 윤택한 土가 활기를 얻고 곡식을 기르니 발복을 한다. 하지만 水가 없는 金은 발복이 어렵다.

. 水(재성)를 만나면: 메마른 전답에 비가 내리니 옥토로 변하여 곡식이 잘 자라난다. 火氣를 억눌러 습토를 만들고 거기에 재물을 저장하니 예상보다 결과물들이 좋다.

4. 변토(變土) 戊己: 食傷多身弱

약한 土일간이 사주에 金이 많아 土의 기운이 심하게 빠져나가 金氣가 강해져 마치 土가 金처럼 변하는 것 같다. 金多土變(금다토변)

. 木(관성)을 만나면: 척박한 돌밭에 나무를 심어봐야 뿌리를 못 내려 자라나기도 어렵고 변변치 못한 土의 양분만 빼먹게 된다. 사업실패나 질병 사고 관재수를 당하기 쉽다.

. 火(인성)을 만나면: 약한 土의 힘을 빼가는 金을 극하고 土를 生하여 주니 보약을 먹는 격이다. 건강해지고 의욕적이고 윗사람과 타인의 조력을 얻고, 학업에 이롭고 문서운이 좋다.

. 土(비겁)을 만나면: 허약한 土가 고행길에서 친구와 형제를 만나 힘을 얻으나 결국 土生金만을 하니 이익을 보는 것은 金이다. 활동력은 확대될 수 있으나 건강은 고달프다.

. 金(식상)을 만나면: 설기되는 것이 병이 되고 있는 土가 또 金을 만나 설기되니 설상가상이다. 정신질환이나 질병에 시달리고 하던 일들이 지체되고 막히고 결실을 못 본다.

. 水(재성)을 만나면: 약한 土氣를 설기하는 무거운 金기운을 水가 설기해가니 土는 자신의 부담이 가벼워질 수 있으나, 그것도 잠시 설기당한 金은 다시 일간의 힘을 빼가니 건강과 자신감이 타격을 받는다.

5. 유토(流土) 戊己: 財多身弱

사주에 水가 많아서 土가 물에 쓸려가게 된다.
水多土流(수다토류) 土가 물길에 흘러가면 자신의 몸통이
유실되어 흩어지니 일생동안 방황이 많다.

. 木(관성)을 만나면: 약한 土가 목에 극까지 당하니 물을 가둘
힘이 상실된다. 하던 일이 실패로 끝나거나 형액과 재난을 겪으모
건강이 악화된다.

. 火(인성)을 만나면: 火로 生土하니 장마에 햇살을 만난 것 같다.
그러나 왕수를 가두기에는 역부족이다. 특히 土가 약하고 水가
강할 때에 火가 오면 水火가 상극되어 흉할수 있다.

. 土(비겁)을 만나면: 약한 제방을 흙으로 북돋워 水를 가두고
재물을 늘리는 것이니 구세주를 만남이다. 동업자나 친구 형제의
도움이 있다. 습토는 水와 결탁하여 제 역할을 못한다.

. 金(식상)을 만나면: 약한 土를 설기하고 水를 生해주니 제방에
구멍이 뚫린 것처럼 일간은 流土가 되어 기진맥진한다.
사기를 당하거나 손재수를 당할 수 있다.

. 水(재성)을 만나면: 水가 넘쳐 土가 유실될 지경인데 또
장마철에 소나기를 만나니 설상가상이다. 제방이 터지니 가산을
탕진하고 인간의 덕이 멀어지고 가족 또한 온전치 못하다.

6. 붕토, 경토(崩土, 傾土) 戊己: 官殺多身弱

木이 많아서 그 뿌리가 땅속을 파고 들어 흙이 기울고 무너진다. 목다토붕, 목다토경(崩무너질붕 傾기울경) 약한 土는 큰 뜻을 펼 수가 없고 불평불만이 가득하다.

. 木(관성)을 만나면: 木이 많아서 土가 붕괴되어 가는데 또 木을 만나면 좁은 땅이 빽빽이 우거져 햇빛은 가려지고 땅은 양분을 모두 빼앗긴다. 관재구설과 인간배신 건강악화가 있다.

. 火(인성)을 만나면: 병이 되는 木을 설기하여 일간을 生해주니 의욕이 살아나고 자신감이 넘친다. 인덕으로 만사가 풍요로워지며, 학업성적이 오르고 문서운이 좋아진다.

. 土(비겁)를 만나면: 약한 土가 우군을 만나 힘을 보강받게 되어 짐을 나누어질 수 있으니 한결 가볍다. 건강이 좋아지고 자신감이 생기고 활발하게 움직일 수 있다.

. 金(식상)을 만나면: 병이 되는 木을 金으로 잘라버리니 土를 보호하니 평안함을 찾는다. 약한 土가 금운을 만나 木을 제하여 병은 잡을 수 있지만, 약한 土는 금에게 희생될 수 있다.

. 水(재성)을 만나면: 木이 강하여 土가 기울고 있는데 소나기가 내리니 土가 물에 젖어 약해져 비참하다. 水 때문에 인성 火는 꺼지고 나무만 무성해지니 실패와 어려움이 따른다.

유쾌한 사주

4. 金의 체성(體性)론

1. 강금(强金) 庚辛: 比肩多身强

庚辛 金일간이 辰戌丑未月이나 申酉月에 출생하고 사주에
金이 많은 경우이다. 강왕할 때는 그 기를 극해주거나
설기하는 식상운을 만나면 좋다.

. 木(재성)을 만나면: 움직임이 커지긴 하나 식상을 겸비한
재성이어야 발복한다. 식상이 없으면 금이 강해도
군비쟁재(群比爭財)로 환란을 일으켜 凶할 수 있다.

. 火(관성)를 만나면: 강금을 불로 제련하여 쓸만한 그릇을 만들게
되니 가장 좋다. 관록이 고위에 오르고 명예가 높아진다. 재성이
함께 오면 부(富)와 귀(貴)를 모두 얻는다.

. 土(인성)를 만나면: 강한 金이 흙에 매금되어 고철덩어리가 된다.
의존적이고 현실성이 후퇴한다. 재물이 흩어지고 빈천하게 된다.
식상인 水를 土가 막으니 제반 활동력이 막힌다.

. 金(비겁)을 만나면: 강금이 무서울 것이 없는데 또 金이
뭉쳐지자 자신의 힘을 휘두르며 강폭하게 된다. 木을 잘라버리고
火를 우습게 아니 교만하여 큰 화를 당할 수 있다.

. 水(식상)를 만나면: 강금을 설기시키니 답답했던 기운이 술술
풀린다. 창의력과 능력들이 배가 되며 하는 일들의 생산이 늘고
유통이 잘되고 건강이 회복되고 매사 안정된다.

2. 약금(弱金) 庚辛: 食傷,官殺,財星多身弱

金일간이 실령하고 세를 얻지 못하거나, 득령 하였어도
주중에 식상이 태과하거나 재성이 태과하거나 관살이
태과하여 신약한 金이 된 경우이다.

. 木(재성)을 만나면: 약한 도끼로 큰 나무를 찍어대다 도끼는
못쓰게 되고 나무는 팽개쳐 버리니 욕심이 지나쳐 화를 자처한다.
투기나 불로소득에 눈멀어 한탕주의로 망할수 있다.

. 火(관성)을 만나면: 약한 금이 불에 녹는 형태로 휘어지고
구부러져 그 형체를 보존하기 우려우니 직장과 가정을 지키기
어렵고, 관재수가 있을 수 있고 건강이 안좋을 수 있다.

. 土(인성)를 만나면: 배고프던 차에 모친을 만나 배불리 먹게
되니 약금에게 생기가 북돋아지고 활력이 돈다. 학업이 잘 되고,
인덕을 보고 문서를 잡아 이익이 있게 된다.

. 金(비겁)을 만나면: 조력자를 만나 의기투합하여 힘을 얻으니
지쳐있던 사람이 생기가 나고 의욕과 용기가 생긴다. 재물을 능히
다스리고 사주에 있는 복들을 취할 수가 있다.

. 水(식상)을 만나면: 약한 金이 조금 남은 힘마저 水에게 빼앗겨
무능하고 무력해진다. 말만 앞세우게 되고, 하던 일들이 막히고
지체되어서 재물과 연결되지를 않는다.

3. 매금(埋金) 庚辛: 印星多身强

. 土가 너무 많으면 金이 흙에 묻힌다. 土多金埋(토다금매)
金이 묻히면 사고력이 떨어지고 융통성이 부족하다.

. 木(재성)을 만나면: 金이 왕한 土에 묻혀 있어서 빛을 못 보고
있다가 木이 土를 극하고 파내어 金을 꺼내주니 비로소 제 역할을
하게 된다. 사업이 발전하고 재물이 쌓인다.

. 火(관성)을 만나면: 왕토를 생하여 土가 더욱 강해진다. 金은 더
강해진 土기운에 묻혀 힘을 쓸 수 없고, 자신의 능력이 희석되어
어렵게 노력한 결과도 남의 공으로 변질될 수 있다.

. 土(인성)을 만나면: 금속이 깊은 땅 속에 묻혀 있는데 그 위에
또 흙을 두텁게 쌓았으니 땅 속에 묻혀서 자신의 능력을 발휘할
수 없다. 억눌림이 있고 의지력이 약해져서 힘들다.

. 金(비겁)을 만나면: 신강한 일간이 비겁을 만나니 재물의 다툼이
있다. 금기운이 드러나니 자신감이 살아나긴 하나 기분만 좋고
실리는 적다.

. 水(식상)를 만나면: 일간을 설기하고 水의 힘으로 土氣를
분산시켜 金을 구하니 당장은 좋으나, 물이 탁해지니 제 역할을
제대로 못한다. 土가 강하므로 水가 강하게 와야 도움이 된다.

埋(묻을 매)   沈(잠길 침)   缺(이지러질 결)   鎔(녹일 용)

4. 침금(沈金) 庚辛: 食傷多身弱

金일간에 水가 태왕하면 금이 물에 잠겨 무기력하다.
황금종이지만 소리가 나지 않아 고철 덩어리인 셈이다.
水多金沈(수다금침)

. 木(재성)을 만나면: 金이 水에 잠겨 있으니 木으로 水氣를
설기하여 다소나마 침금을 막아주게 되지만 金에게 꼭 필요한
인성 土를 극하게 될 경우는 득보다 실이 많게 된다.

. 火(관성)을 만나면: 왕수를 증발시키고 土를 생하여 金을
보온하게 되어 활기가 생긴다. 사주에 戊土와 未戌 조토가 있을
때 火운은 좋다. 습토는 水를 제대로 제어하지 못한다.

. 土(인성)을 만나면: 水를 제하고 金을 생하니 가라앉았던 金이
살아난다. 어머니와 귀인이 도와주니 실체가 밝아지고 능력개발이
잘 된다. 일에 발전이 있고 학문과 문서운이 좋다.

. 金(비겁)을 만나면: 약한 金이 같은 협조자를 만나지만 金은
水를 더욱 생하니 水가 범람해서 다시 가라앉게 된다.
실리는 없고, 잘 될 것 같으나 끝까지의 결과물은 적다.

. 水(식상)을 만나면: 물 속에 잠긴 金이 더욱 설기 당하고 물은
더 불어난다. 결국 金은 더욱 잠겨서 병들게 된다. 우울증에 걸릴
수 있고 심신이 피곤하고 능력발휘가 안된다.

유쾌한 사주

5. 결금(缺金) 庚辛: 財多身弱

　오행의 원리상 金이 木을 剋하지만 木이 태강하면 金이
일그러지는 현상이 나온다. 木多金缺(목다금결)

. 木(재성)을 만나면: 강목에 도끼가 어그러지는 중 또 木이
온다면 도끼자루마저 부러지게 되니 모든 일이 한낮 꿈에
불과하게 된다. 재성으로 인한 피해가 발생한다.

. 火(관성)를 만나면: 강한 木氣를 설기시켜 주니 우선은 좋으나,
화세가 강해지면 다시 金을 공격할 수 있으니 두렵다. 인성
습토가 있을 경우는 좋으나 인성이 없다면 火운은 흉하다.

. 土(인성)을 만나면: 약한 金을 생해주니 일간은 힘을 얻고
귀인을 만난 격으로 학문과 문서로 인한 기쁨이 생긴다.
취업운도 좋고 건강도 좋아진다.

. 金(비겁)을 만나면: 강한 木을 제압하기에는 가장 좋다. 의욕이
생기고 결과물들이 좋다. 동업이나 친구 형제등의 도움으로
발전한다. 금을 만나면 득비이재(得比利財)가 되어 좋다.

. 水(식상)을 만나면: 약한 金을 설기시켜 강한 木을 더욱 강하게
하니 출혈이 심하다. 식신을 만나 새로운 일을 만들고 재를
찾느라 동분서주하니 재물은 얻더라도 건강이 흉하다.

6. 용금(鎔金) 庚辛: 官殺多身弱

金일간이 火가 너무 많으면 金을 녹여버린다.
火多金鎔(화다금용)이다. 올바른 직업을 갖기 어렵고
결단성이 없어 나태하고 무능한 사람이 되기 쉽다.

. 木(재성)을 만나면: 金이 火에 당하고 있는데 木이 오면 火가 더
강해지니 金은 무력해진다. 위축되고 형액을 치르거나 관재수
송사 질병 등에 시달릴 수 있다.

. 火(관성)을 만나면: 불에 녹는 金이 더욱 불길이 치솟아 오르니
녹을 지경이다. 자신감이 없고 강박감에 시달리고 질병과 관재수
발생우려가 있고 인간관계가 어렵다.

. 土(인성)를 만나면: 火氣를 설하여 일간으로 유통시켜주니 가장
좋다. 습토로 오면 생금이 잘 되어 출세 길이 열리지만 조토는
생금을 하지 못하고 무늬 뿐이다.

. 金(비겁)을 만나면: 金운이 와서 거들어 주면 형제나 친구
동료등의 도움으로 일시적 해결은 된다. 하지만 약간의 자신감은
살아나지만 큰 이득을 보기는 어렵다.

. 水(식상)를 만나면: 金이 火에 극 당하고 있는 중 水가 火를
끄고 金을 구제하는 역할은 좋다. 하지만 일간도 설기되니 흉하고,
화세가 태강할 경우 水를 보면 오히려 왕자충발이 되어 흉함이
있을 수 있다.

鎔(쇠녹일)용

5. 水의 체성론

1. 강수(强水) 壬癸: 比劫多身强

水일간이 亥子丑月에 출생하여 사주에 金水가 많거나
사주 전체에 水가 태왕하면 강수이다. 水가 많으면 지혜롭고
명석하나 우울하거나 감상적이며 인생에 굴곡이 많다.

. 木(식상)을 만나면: 왕수를 설기유통시키므로 큰 나무가 하늘을
향해 쭉쭉 뻗어간다. 능력발휘가 잘 되고 생산성이 좋아지고
탐구력 표현력 등에서 두각을 나타내며 발전한다.

. 火(재성)을 만나면: 강수의 기를 분산시킬 수 있고 재물을 얻게
된다. 이 때에 사주에 식상이 없다면 군겁쟁재가 될 수 있으니 잘
살펴야 한다.

. 土(관성)을 만나면: 제방을 쌓아 호수를 이루는 것과 같으니
성공할 수 있다. 그러나 土가 뿌리가 없이 와서 토류가 된다면
오히려 크게 실패하게 된다.

. 金(인성)을 만나면: 넘치는 물에 또 물을 쏟아 붓는 것과 같으니
매사 지체됨이 많고 이루어지는 일이 없다. 생각은 많으나
실천능력이 없어서 허송세월을 할 수 있다.

. 水(비겁)을 만나면: 수가 넘쳐 하는 일을 망치고 인간관계의
배신이 많고, 재물은 꺼져서 손해가 많고, 나무는 부목이 되니
활동력이 막히고 지체된다. 관재수, 건강악화가 있을 수 있다.

---

2. 약수(弱水) 壬癸: 身弱四柱

水일간이 사주에 木火土가 많아서 신약한 경우를 약수(弱水)라고 한다. 총명함이 얕아 잔꾀가 많고 인내심이 없다.

. 木(식상)을 만나면: 약한 水가 식상으로 더욱 설기를 강요당한다. 기력이 쇠하여 일의 완성이 힘들고 결과가 적다.
일이 막힘이 있고 건강 질병의 문제가 발생할 수 있다.

. 火(재성)을 만나면: 약한 水가 또 재물을 보니 욕심이 많아지나 소유할 능력이 없다. 식상이 발달하여 재성이 불어나면 재물은 취할 수가 있으나 건강과 자존심에 무리가 온다.

. 土(관성)을 만나면: 관살의 극이 폭력으로 다가오니 고통을 견디기 어렵다. 질병이나 사고, 관재수를 당할 수 있다. 인성이 있으면 고통이 덜하지만 인성이 없으면 고통이 중하다.

. 金(인성)을 만나면: 일간이 생을 받으니 용기가 증가되고 지혜가 생긴다. 웃어른이나 귀인의 도움으로 어려움에서 벗어나고 학업과 문서운이 좋아서 원하는 일들이 이루어진다.

. 水(비겁)을 만나면: 신약사주에 비겁운은 확실한 능력상승이고 자신감이다. 건강이 좋아지고, 친구나 형제의 도움을 받게 되고 새로운 일에 도전하거나 하는 일에 이익을 보게 된다.

滯(막힐 체)   縮(줄일 축)   熇(불에말릴 픽)   塞(막힐 색)

---

3. 탁수(濁水), 체수(滯水) 壬癸: 印綬多身强

水일간이 사주에 金이 너무 많으면 바위가 물의 흐름을
막고 있으니 흐르지 못하고 탁해진다. 金多水濁(금다수탁)
金多水滯(금다수체) 지체되고 정체되어 빛을 보기가 어렵다.

. 木(식상)을 만나면: 水의 탁기를 설기하여 유통시키고 또 金의
기를 분산시키므로 답답했던 일들이 풀려나간다. 안정과 새로운
의욕이 생긴다. 인성태과로 도식의 운이 될 수도 있다.

. 火(재성)을 만나면: 金을 제하여 병을 치료할 수 있으니
고통에서 벗어나게 되고 언 몸을 녹여 활동이 왕성해지나 식상이
있어야 재물을 취할 수 있다.

. 土(관성)를 만나면: 水를 생하는 강금을 도와 더욱 강하게 하니
병은 깊어지고 인간적인 배신이 있다. 하는 일에 막힘이 있고
곤궁함이 가중되니 관재구설을 겪게 된다.

. 金(인성)을 만나면: 설상가상으로 水는 더욱 탁하게 되고 막히던
물길이 또 막히게 된다. 만용을 부리거나 눈앞의 일을 제대로
판단하지 못하고 실수를 많이 하여 실패가 많다.

. 水(비겁)을 만나면: 水가 강해져 재물은 손해를 보나 金의
기운을 설기하여 탁기가 해소되니 한편으로는 인간의 덕은
있겠고, 막혔던 일들이 다소 풀리고 어려움이 해소된다.

滯(막힐체)

4. 축수(縮水) 壬癸: 食傷多身弱

水일간에 木이 너무 많으면 물이 줄어든다.
木多水縮(목다수축) 이 때는 木이 병이며 이를 제하고
일간을 돕는 金운이 가장 좋다.

. 木(식상)을 만나면: 水가 약한데 木이 가중되면 水를 말려버리니
허약한 일신에 중병이 발생하고 모든 일에 자신이 없으나 헛된
의욕은 앞서니 결국 허무한 결과만 발생된다.

. 火(재성)를 만나면: 강목이 설기되어 좋지만 水가 더욱 고갈되어
성공하는 듯 하나 결국은 실패한다. 사기를 당하거나 배신 당할
수 있고, 재물을 취하게 된다면 건강을 잃을 수 있다.

. 土(관성)을 만나면: 木이 분산되어 순간적으로 숨통이 트이는 듯
하나 결국 약한 水를 극하므로, 형액, 질병 등 관재수를 당할 수
있고 손재수를 당할 수도 있다.

. 金(인성)을 만나면: 水일간을 生하니 생기가 돌고 또 병이 되는
木을 제하니 만사형통하게 된다. 또 귀인의 도움과 문서의 이익이
따르고 학문과 명예가 높아진다. 건강을 회복한다.

. 水(비겁)를 만나면: 약한 水를 도와 일시적으로 발전의 기틀이
보이지만 결국 木이 강해져서 어려움을 겪는다. 활동력은
높아지겠으나 건강상 무리가 올 수 있다.

5. 증수(蒸水), 픽수(煏水) 壬癸: 財多身弱

水일간에 火가 너무 많으면 물이 증발되어 말라버린다.
火多水蒸(화다수증) 火多煏水(화다픽수)
이런 사주는 불안감이 많고 피해의식이 강해서 인간적
신뢰가 약하고 의심이 많다.

. 木(식상)을 만나면: 약한 水를 설기하여 흉신 火를 생조하기
때문에 흉사가 발생한다. 병약한 일간이 헛되이 과소비하고
과욕을 부리다가 관재수에 걸려들 수 있다.

. 火(재성)을 만나면: 水를 말리는 火가 가중되어 물을 증발시키니
허약한 사람이 목말라 죽을 지경이다. 일신상의 어려움과
고통이 배가되고, 돈 때문에 많이 힘들게 된다.

. 土(관성)를 만나면: 화를 설기하므로 일신이 편할 것 같으나
강해진 土는 결국 약한 水일간을 극하게 되어 건강에 문제가
발생하고 형액과 관재수가 발생할 수 있다.

. 金(인성)을 만나면: 水를 생하고 火를 분산시키니 기다렸던 때를
만난 것이다. 만사에 능동적이며 윗사람의 조력을 받고 시험에
합격하고 문서운이 좋아서 발전을 할 수 있다.

. 水(비겁)을 만나면: 약한 水가 불어나 병이 되는 火를 제하니
일신이 평안해지고 새로운 일에 의욕을 갖게 된다. 특히
득비이재로 재물에 이익을 내며 형제나 친구등의 덕을 본다.

蒸(찔증, 김오를증)

6. 색수(塞水) 壬癸: 官殺多身弱

水일간에 土가 많아서 물길이 막히는 것을 색수(塞水
막힐색, 물수)라고 한다. 土多水塞(토다수색)
흙탕물이 되므로 총명하지 못하고 판단력이 부족하다.

. 木(식상)을 만나면: 비록 水일간이 약해지는 것은 나쁘지만 木이
병이 되는 土를 극제해 주니 일간은 기가 살아나고 지혜와
총명함으로 발복하게 된다.(식상제살)

. 火(재성)을 만나면: 水를 말리고 土를 생하니 물길이 막혀
모든 일을 할 수 없게 된다. 활동력이 막히고 지체되고, 돈줄이
막히고 건강의 문제도 발생한다.

. 土(관성)을 만나면: 水를 극하고 물길을 막아 온통 진흙으로
범벅이 되니 숨쉬기도 어려운 형국이 된다. 건강이 불길하고,
관재수와 형액이 발생되고, 손재수도 발생할 수 있다.

. 金(인성)을 만나면: 일간을 극하는 土를 설기하여 水를 생해주니
발전하는 운이다.(殺重用印) 막혔던 일이 해소되고 학업성적이
오르며 문서운이 좋아서 발복을 하게 된다.

. 水(비겁)을 만나면: 약한 일간에 비겁이 찾아오니 좋다. 주변의
동료나 형제 동업관계 등으로 발전할 수 있다. 그러나 인성이
없을 경우 水土相戰으로 어려움이 발생할 수 있다.

塞(막힐 색)

제 2 부

유쾌한 사주

1. 택일(신생아. 개업식)

택일의 방법은 여러가지 많지만 궁극적인 목표는
凶을 피하고 吉을 취하려는 것이다.

1. 모든 택일의 기본은
  (1) 일주와 형. 충을 피한다.
  (2) 사주의 용신오행이면 좋다.
  (3) 천을귀인. 월덕귀인. 천덕귀인일은 吉하다.
  (4) 건록. 장생. 암록일은 吉하다.
  (5) 결혼택일은 고신. 과숙. 원진. 공망은 피한다.
  (6) 분묘.이장 등은 윤년. 윤달이 좋다.

2. 신생아 택일

병원에서 출산 가능일을 정해주는 범위 내에서
선택하는 것임으로 사실상 선택의 폭이 그리 넓진 않다.
공휴일이나 병원근무 시간도 고려해야 한다.

 1) **남,녀의 성별을** 확인 후에 택일을 한다.
 2) **年,月 은 거의 정해진다.**

출산 가능한 범위에서 년주와 월주를 적은 후,
월주를 기준으로 **대운과 대운수를** 적는다.

대운의 순행 역행 방향은
연간이 양간이면 남자는 순행, 여자는 역행.
연간이 음간이면 여자는 순행, 남자는 역행한다.

3) 日 선택

대운이 흘러가는 방향으로 용신을 잡고 일주를 선택한다.
대운을 타고 가야 삶이 훨씬 유리하다.
<u>대운의 방향이 金水로 흘러가면 용신이 金水인 일주로,
木火로 흘러가면 木火용신으로 일주를 잡는다.</u>

金水가 용신인 일주는
木火土일간의 강한 사주나 金水일간의 약한 사주이다.
木火가 용신인 일주는
金水일간의 강한 사주나 木火일간의 약한 사주이다.
강한 土일주는 金水木, 약한 土일주는 火土 대운이 좋다.

① 월지와 일지 시지의 合沖을 살핀다.
   사주 전체를 보아 합충이 하나쯤 있는 것은 무관하나
   두 개 이상이거나 너무 많으면 좋지 않을수 있다.
② 백호대살은 피한다.
③ 귀인일이면 좋다(丁酉 丁亥 癸巳 癸卯)
④ 년월일의 조후를 확인한다.
⑤ 부모의 일주와 충극하지 않고 같거나 상생하면 좋다.

4) 時 선택

연월일 6글자를 전체적으로 보면서
순환이 잘 될 수 있도록 필요한 시간을 택한다.
병원에서의 가능한 시간도 참고해야 한다.

① **연,월,일주까지의 구성을 보고 사주 전체의 힘을 조절
한다.** 약하면 인성과 비겁으로 강하게 해 주고
너무 강하면 식상 재성 관성으로 설기하도록 한다.
② **일지와 시지의 충, 원진살, 귀문관살은 피한다.**
③ **일주에서 볼 때에 공망이 되지 않도록 한다.**
④ 전체적으로 합충이 하나쯤은 있어도 무방하지만
  두 개 이상이거나 너무 많으면 좋지 않을 수도 있으니
  오행의 관계를 잘 살펴야 한다.

5) 사주 전체를 보고 용신의 오행으로 작명한다.
사주에 필요한 오행을 넣어주면 좋다.

木: ㄱ ㅋ ㄲ   火: ㄴ ㄷ ㄹ ㅌ

土: ㅇ ㅎ   金: ㅅ ㅈ ㅊ

水: ㅁ ㅂ ㅍ

3. 개점. 개업식

① 사업주의 용희신 날이 좋다.
② 사업주 당해 나이의 생기복덕일이 좋다.
③ 천을귀인날도 좋다.

④ 甲子 乙丑 丙寅 己巳 庚午 辛未 甲戌 乙亥 丙子
　己卯 壬午 癸未 甲申 辛卯 壬辰 癸巳 乙未 庚子 癸卯
戊申 丁未 壬子 甲寅 乙卯 己未 辛酉日도 좋다.

⑤ 사업주의 일주와 일진이 충하는 날은 피한다.
⑥ 공망일은 피한다.

4. 분묘, 이장
. 윤달에 하면 무난하다.

2. 이사 방향

   이사를 한 뒤에 집안이나 가족에게 凶한 일이나 吾한 일
이 일어난다고 연계성을 갖는 사람들이 더러 있다.
이사의 방위에 개의치 않는 사람들도 많지만 영향을 받는다
고 믿는 사람들에게는 참고를 한다.
여러 가지가 있지만 쉽게 적용할 수 있는 것은

① 피해야 할 방향-대장군방위, 삼살방위
② 좋은 방향-용신 방향, 반안살 방향, 천살방향
③ 당해 나이에 따라 좋은 날을 찾는 생기복덕일 등이 있다.

1. 대장군(大將軍) 방위

   풍수지리의 행사를 정하거나 길흉화복을 관장하는 팔장신
(八將神)이 있는데 그 중에서 가장 흉한 신이 대장군신이다.
이 대장군은 사람들의 모든 일을 꼼짝 못하게 함으로, **3년씩**
이 방향으로 가면 막히고 흉하다고 한다. 대장군방향은 지나
온 절기이다. 우리는 과거로 돌아갈 수 없다. 앞으로 나아갈
뿐이다. 이사는 미래와 기대와 꿈으로 출발해야 한다.

寅卯辰해에는 그 전의 계절인 亥子丑의 북쪽으로 돌아갈 수
없으니 북쪽이 흉하고, 巳午未해에는 그 전의 계절인 寅卯辰
의 동쪽으로 돌아갈 수 없으니 동쪽이 흉하고, 申酉戌해에는
그 전의 계절인 巳午未의 남쪽이 흉하고, 亥子丑해에는 그
전의 계절인 申酉戌의 서쪽이 흉하다.

<대장군 방향>

해당 년도	凶 방향
寅卯辰 年	북쪽
巳午未 年	동쪽
申酉戌 年	남쪽
亥子丑 年	서쪽

2. 삼살방위(三煞方位)

삼합의 왕지와 충하는 방향으로 **해마다 바뀐다.**

亥卯未해는 왕지 卯木을 충하는 酉金의 방향인 서쪽
寅午戌해는 왕지 午火를 충하는 子水의 방향인 북쪽
巳酉丑해는 왕지 酉金을 충하는 卯木의 방향인 동쪽
申子辰해는 왕지 子水를 충하는 午火의 방향인 남쪽

<삼살방위>

해당 년도	凶 방향
亥卯未	酉 서쪽
寅午戌	子 북쪽
巳酉丑	卯 동쪽
申子辰	午 남쪽

유쾌한 사주

<년도별 삼살방위>

년	子	丑	寅	卯	辰	巳	午	未	申	酉	戌	亥
삼살	남	동	북	서	남	동	북	서	남	동	북	서

<대장군방, 삼살방>-피하는 방향

년도	년도	대장군방	삼살방
2020	庚子年	서	남
2021	辛丑年	서	동
2022	壬寅年	북	북
2023	癸卯年	북	서
2024	甲辰年	북	남
2025	乙巳年	동	동
2026	丙午年	동	북
2027	丁未年	동	서
2028	戊申年	남	남
2029	己酉年	남	동
2030	庚戌年	남	북
2031	辛亥年	서	서
2032	壬子年	서	남

유쾌한 사주

3. 세대주 사주의 용신방향

세대주 사주의 용신방향이면 좋다.

용신이 木이면 동쪽이 吉하고, 火이면 남쪽이 吉하고,

金이면 서쪽이 吉하고, 水이면 북쪽이 吉하다.

4. 12신살중 반안살과 천살

. 반안살 방향은 매사에 잘 풀리고 발복한다.

. 천살 방향은 세대주와 가족은 잘 되나 부모님과 조상에 관한 일에는 흉함으로, 부모나 조부모와 함께 거주하는 경우, 제사를 많이 모시는 경우는 피하는게 좋다.

일지	겁살	재살	**천살**	지살	연살	월살	망신	장성	**반안**	역마	육해	화개
亥卯未	申	酉	**戌**	亥	子	丑	寅	卯	**辰**	巳	午	未
寅午戌	亥	子	**丑**	寅	卯	辰	巳	午	**未**	申	酉	戌
巳酉丑	寅	卯	**辰**	巳	午	未	申	酉	**戌**	亥	子	丑
申子辰	巳	午	**未**	申	酉	戌	亥	子	**丑**	寅	卯	辰

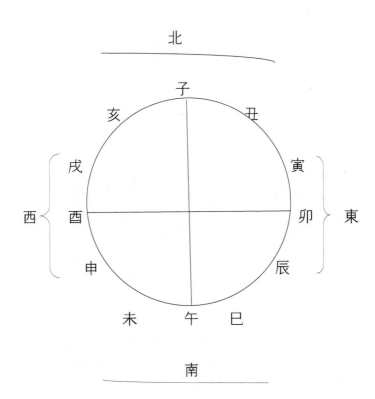

<방위표>

* 부득이 방향이 맞지 않을 경우는

 (1) 이삿짐 차가 목적지를 지나쳐서 잠시 정차한 후에 돌아온다.
. 가령, 현재 집에서 새집이 동쪽인데 동쪽이 흉방향일 경우: 이삿짐 차가 새집을 더 지나쳐 가서 간단한 식사나 간식을 한 뒤에 뒤돌아 온다.
 (2) 이삿짐 차가 새로운 집 주변을 몇차례 돌아서 동쪽이 아닌 방향에서 돌아온다.
 (3) 물을 건너면 방향에 무관하다.
 (4) 4Km이상이면 방향에 무관하다.

유쾌한 사주

5. 생기복덕일(生氣福德日)

　해당 년의 나이와 성별로 길일, 평일, 흉일을 살핀다.
생기(生氣). 천의(天宜). 복덕일(福德日)은 大吉이다.
화해일(禍害日). 절명일(絶命日)은 凶하다.
절체(絶體). 유혼(遊魂). 귀혼일(歸魂日)은 대길한 날이 없을
때에 사용해도 무방한 평일이다.

〈생기복덕일〉

구분	남녀	남	여	남	여	남	여	남	여	남	여	남	여	남	여	남	여
		1	5		4	2	3	3	2	4	1	5		6	7	7	6
		8	12	9	11	10	10	11	9	12	8	13	15	14	14	15	13
		16	20	17	19	18	18	19	17	20	16	21	23	22	22	23	21
		24	28	25	27	26	26	27	25	28	24	29	31	30	30	31	29
나이		32	36	33	35	34	34	35	33	36	32	37	39	38	38	39	37
		40	44	41	43	42	42	43	41	44	40	45	47	46	46	47	45
구분		48	52	49	51	50	50	51	49	52	48	53	55	54	54	55	53
		56	60	57	59	58	58	59	57	60	56	61	63	62	62	63	61
		64	68	65	67	66	66	67	65	68	64	69	71	70	70	71	69
		72	76	73	75	74	74	75	73	76	72	77	79	78	78	79	77
		80	84	81	83	82	82	83	81	84	80	85	87	86	86	87	85
생기	吉	卯		丑寅		戌亥		酉		辰巳		未申		午		子	
천의	吉	酉		辰巳		午		卯		丑寅		子		戌亥		未申	
복덕	吉	辰巳		酉		未申		丑寅		卯		戌亥		子		午	
절체	平	子		戌亥		寅丑		未申		午		酉		辰巳		卯	
유혼	平	未申		午		辰巳		子		戌亥		卯		丑寅		酉	
귀혼	平	午		未申		酉		戌亥		子		丑寅		卯		辰巳	
화해	凶	丑寅		卯		子		辰巳		酉		午		未申		戌亥	
절명	凶	戌亥		子		卯		午		未申		辰巳		酉		丑寅	

* 생기복덕일(生氣福德日)

① **생기일(生氣日)**: 복록이 늘어나며 경영하는 일들이
잘 되고 여기저기서 도와주는 손길들이 많으니 吉하다.

② **천의일(天宜日)**: 건강이 좋아지고 승진과 합격의 행운이
따르고, 여러사람과 함께 성장하고 변화하니 吉하다.

③ **복덕일(福德日)**: 발전하고 발복하며 합격, 승진, 건강하고,
우환이 사라지고 계획하는 것들이 잘 이루어져 만사형통한
다.

④ **절체일(絶體日)**: 막히고 부러지는 상해의 기운이 있어서
몸과 마음이 상처를 받는다. 반길반흉(半吉半凶)하다.

⑤ **유혼일(遊魂日)**: 매사 분주하기는 하나 결과는 적고,
마음이 안정되지 않고 반길반흉(半吉半凶)하다.

⑥ **귀혼일(歸魂日)**: 다시금 되돌아 오니 때를 기다려야
한다. 반길반흉(半吉半凶)하다.

⑦ **화해일(禍害日)**: 언쟁, 시비, 구설, 송사, 관재, 손재수등의
어려움이 따르니 凶하다.

⑧ **절명일(絶命日)**: 목숨이 끊어진다는 의미로 건강악화, 일
의 막힘, 절망, 정리, 부도, 사망 등의 흉사가 있다.

3. 이삿날(손損 없는 날)

　손 없는 날은 명리학적으로 정확한 근거가 있는건
아니지만, 미신이든 아니든 민간적으로 사용 되어져 오는
것으로 필요에 의해서 참고하기 바란다.

흔히 이삿날을 정할 때에 끝자리 9일과 0일을 손(損) 없는
날이라고 해서 이사를 하는 경우를 보는데
마음은 편하지만 날짜를 맞추어야 하고, 추가비용도 지불
해야 한다. 하지만 손 없는 날은 꼭 9일과 10일(9.10.19.
20.29.30)만이 아니고, 손이 놀지 않는 방향이면 된다.

　손 없는 날에서 이 "손(損)" 이라는 것은
태백살이라고 하는 귀신 이름인데, 날짜를 따라 다니면서
사람을 해코지하고 방해하면서 사건 사고를 일으켜
사람에게 정신적 육체적 물질적 손해를 준다고 한다.

이 손은 끝자리 1일~8일까지는 땅에서 동서남북을 돌면서
놀다가 9일과 10일은 땅에서는 놀 데가 없으니 하늘에서
쉰다. 4방향 중 손이 노는 1가지 방향만 피하면 나머지 3개
방향과 손 없는 날까지 사용할 수 있는 날짜가 많아진다.

예를 들어 동쪽으로 이사를 한다면
손이 동쪽에서 노는 날 1,2(1,11,21,2,12,22일)일만 피하면
나머지 날은 사용이 가능하다.

여기에 추가하면 세대주의 일지가 이사하는 날의 일지와
충,원진,공망이 아닌게 좋다.
부부가 모두 있을 경우는 남자를 세대주로 본다.
조금만 신경 써서 날짜를 계산해 보면
일 하기도 수월하고, 마음도 편하고, 비용도 절감된다.

손이 노는 방향은, 음력으로 끝자리가
1,2일은 동쪽에서 놀고, 3,4일은 남쪽에서 놀고
5,6일은 서쪽에서 놀고, 7,8일은 북쪽에서 놀고
9,10일은 땅에서 한바퀴 다 놀았으니 땅에는 없고
하늘에 올라가서 휴식한다.

〈손이 노는 방향과 날짜(음력)〉

방향	끝자리	날 짜
동쪽	1, 2일	1, 11, 21, 2, 12, 22일
남쪽	3, 4일	3, 13, 23, 4, 14, 24일
서쪽	5, 6일	5, 15, 25, 6, 16, 26일
북쪽	7, 8일	7, 17, 27, 8, 18, 28일
쉼	9,10일	9, 19, 29, 10, 20, 30일

유쾌한 사주

4. 당사주

당사주는 중국 당나라 때에 이허중선생이 하늘에 있는 12성(星)을 인간의 길흉판단에 사용해서 당사주라고 한다. 우리나라에 들어와서는 이허중선생의 원문에 그림을 삽화하여 서민들이 알기 쉽게 만들어졌다.

당사주로 평생운을 보는 법은 음력 생년월일시의 지지로 본다. 하늘에서 타고 난 포괄적인 복의 개념으로 가볍게 참고한다.

① **태어난 해의 연지에서 남자는 순행하고 여자는 역행**한다.
(여자는 순행, 역행을 모두 참고할 수 있다.)
② 역행,순행을 하지않고 지지를 그대로 적용하기도 한다

1. 12성(星)의 기질

1) 子: 천귀성(天貴星) 학문성공 문관의 벼슬
군자같은 형이며, 부(富)와 귀(貴)를 타고 났다.
총명하고 지혜가 많아 한번 들으면 열 가지를 깨닫는다.부모의 유업을 받으면 질병으로 고생할 수 있다. 온화하고 다정다감하며 순수하다. 근면성실하고 자수성가 한다.
사람들에게 인기가 많고 특히 이성에게도 인기가 많다.
초년은 고생이 있어도 후에는 吉하다.

---

2) 丑: 천액성(天厄星)

어려서 부모의 덕을 많이 받고, 잔병치레가 많다.
일찍 고향을 떠나 타향살이를 한다.
집안에 재산이 많으면 조실부모한다.
초년에 하는 일은 有頭無尾하다.
일복이 많고 능력이 있어 분주히 움직이면 성공한다.
천성은 착하나 고집이 강하고 독단적이다.
(有頭無尾: 시작은 좋으나 결과물이 약하다.)

3) 寅: 천권성(天權星)   무관(검,경,법) 활인업

총명하고, 활발하며 타인을 지배하기를 좋아한다.
사람이 스스로 따르며, 돈 쓰기를 잘한다.
지혜와 정이 많고 명예와 권력을 추구한다.
자존심과 독립심이 강하고 리더십이 있다.
관직의 출세운이 있고 독자적인 자기사업을 잘 한다.
자수성가 하며, 활동적이고, 여자는 남편 덕이 부족하다.

4) 卯: 천파성(天破星)

초년에 하는 일은 有頭無尾하고 잔병이 많다.
초년에 학업 중단하기 쉽고, 실패가 많다.
강직하고 고지식하다. 외형을 중요시 한다.
영성이 뛰어나고 신앙심이 많다. 바람기가 있다.
동분서주하며 바쁘게 움직이며, 부지런하다.
주색잡기를 멀리하고 돈을 모으면 부자가 될수 있다.

---

5) 辰: 천간성(天奸星)

꾀가 많아 지략이 뛰어나다. 교활하고 영리하다.

간사하고 권모술수에 능하다. 허풍이 있다.

관공직으로 성공하며 직장운이 좋다.

많은 사람들에게 인정을 받는다.

상호 인간관계를 원만히 잘하고 외교를 잘한다.

부부관계가 좋지 않아 이별할 수 있다.

언변이 좋고, 활인업에 좋다.

6) 巳: 천문성(天文星)

용모가 단정하고 학자의 풍모를 지닌다.

대장부다운 기질이 있다. 그림 및 학문으로 성공한다.

부모의 덕망을 보지 못하면 고학을 해서라도 공부하는

학구파가 많다. 선비기질, 올곧고 융통성이 부족하다.

지혜가 많고, 사람을 파악하는 능력이 있다.

특히 예술. 학술에 소질이 많다.

7) 午: 천복성(天福星)

식복과 재복이 넉넉하고, 부귀를 타고났다.

일평생 의식주에 부족함이 없다.

신경이 예민하고 고집이 있고 리더십이 있다.

쉽게 포기하지 않는 강한 근성이 있다.

여자는 남편과 사이가 좋으면 몸이 아프다.

8) 未: 천역성(天驛星)

초년에 분주히 타향을 돌아다니며 분주하게 산다.
몸을 많이 움직이며, 활동적이다.
직업은 이동성이 많은 상업, 무역, 외교, 여행, 정보기술,
물류계통이 吉하다.
해외 이민이나 해외 유학도 좋다.
이동이 많으므로 교통사고나 사고수를 늘 조심한다.

9) 申: 천고성(天孤星)

초년에 형제간 이별하고 형제 덕이 없다.
유년시 잔병치례로 고생하고, 조실부모 한다.
외로움을 많이 탄다. 군중 속의 고독을 느낀다.
부부간 고독하니 申해에 출산을 꺼린다.
자수성가 타입이다. 고향을 떠나 출세한다.
역마의 기질이 있어서 이동이 많거나 해외진출도 좋다.

10) 酉: 천흉성(天凶星, 천인성天刃星)

초년에 신병이나 수술로 몸에 흉터가 있다.
신체 건강하고 성격은 날카롭고 담대하다.
술주정꾼이 많고 잔소리가 심하다. 술조심 해야 한다.
결단성이 우수하고 자기주장이 강하다.
희생정신이 있지만 남의 허물을 잘 파헤치기도 한다.
이지적인 면과 논리성을 겸비해 까다롭다.
고언, 직언 등 말조심을 하는게 좋다.

유쾌한 사주

11) 戌: 천예성(天藝星)

예체능의 감각이 뛰어나고, 손재주가 뛰어나다.

예술. 공업. 기술. 철학 계통에 능숙하다.

풍류를 즐기고 친구를 좋아하며 어질고 착하다.

대인관계가 원만하고 사회성이 좋다.

생명공학이나 기계공학에서도 재능을 발휘한다.

재복이 많지만 소비가 심해서 부동산에 묻어두면 좋다.

12) 亥: 천수성(天壽星)

부지런하여 일생동안 바쁘고 분주하다.

식복이 많고 신체가 건강하다.

부지런히 일해서 부를 축적한다.

정직하고 고지식하고 신심이 있다.

마음의 여유가 있고 학문과 풍류를 즐긴다.

의식주에 부족함이 없고 건강하고 장수하는 자가 많다.

2. 4성(星) 정하는 방법

1) 年자리: 출생한 띠 자리.
2) 月자리: 출생 띠 자리에서 1월부터 시작하여 출생월까지 진행한다.
3) 日자리: 2)번의 해당월 자리에서 1일부터 시작하여 출생일까지 진행한다.
4) 時자리: 3)번의 해당일 자리에서 子時부터 시작하여 출생시까지 진행한다.
5) 윤달은 평달로 본다.

연자리를 초년운으로, 월자리를 중년운으로,
일자리를 말년운으로, 시자리를 평생운으로도 보지만,
4개의 성(星)을 평생 가지고 있다고도 본다.

〈예를 들어 남자〉
음력 1985년(乙丑) 6월(癸未) 12일(己巳) 巳時이면-순행

. 연자리: 乙丑年 이므로 지지 丑이다-천액성
. 월: 丑에서 1월부터 시작하여 6월까지-午: 천복성
. 일: 午에서 1일부터 시작하여 12까지-巳: 천문성
. 시: 巳에서 子부터 시작하여 巳까지-戌: 천예성

* 초년에 천액성, 중년에 천복성, 말년에 천문성,
  평생 천예성의 복록을 타고났다.

유쾌한 사주

〈여자 역행〉

* 음력 1962년(壬寅) 3월(甲辰) 20일(壬辰) 亥時, 여자-역

. 연자리: 壬寅年 이므로 지지 寅이다-천권성
. 월: 寅에서 1월부터 시작하여 3월까지-子: 천귀성
. 일: 子에서 1일부터 시작하여 20칸까지-巳: 천문성
. 시: 巳에서 子부터 시작하여 亥까지-午: 천복성

* 여자 역행으로 살펴보면, 초년에 천권성,
중년에 천귀성, 말년에 천문성, 평생에 천복성을 타고났다.

〈여자 순행〉

* 음력 1962년 3월 20일 亥時, 여자-순행하면

. 연: 壬寅年 이므로 寅이다-천권성
. 월: 寅에서 1월부터 시작하여 3월까지-辰: 천간성
. 일: 辰에서 1일부터 시작 20일까지-亥: 천수성
. 시: 亥에서 자시부터 시작하여 亥時까지-戌: 천예성

여자 순행으로 살펴보면, 초년에 천권성,
중년에 천간성, 말년에 천수성, 평생에 천예성을 타고남.

유쾌한 사주

5. 래정법(來定法)

육임에서 사용하는, **시간**을 보고 상담하러 온 사람의 목적을 미리 알아보는 것이다. 시간은 정시가 아닌 32분으로 본다. 가령 巳時는 09:32~11:32으로.
①해당 시간과 ②당일의 일간 ③당일의 일지와의 관계로 살핀다. 당일 일간 기준으로 해당 시간을 대입한다.

시 간	목 적
귀인시	귀인사. 윗사람으로부터의 발탁건. 관직건.
비겁	일의 지체. 막힘. 자리이동. 금전 손해
식상	자식문제. 실직. 구직. 타인에게 은혜 베품
재성	구재사. 상업사. 남:처첩사
관살	관재. 송사. 재병사. 실탈. 적의 침범. 직장 남:자식　여:남자
인성	부모나 윗사람 관련. 사업. 문서. 은혜 받음
합	결혼. 골육간 화합사. 구재건. 시행건. 화합
충	재병사. 동요불안건. 이별사
형	관재수. 급속사
공망	실재. 실탈. 계획의 불성. 침해.
지지삼합	여러사람과의 화합이 있다.
녹(祿)	직위를 구하는 일. 승진에 관련.
덕(德)	포상이나 후원을 얻는 명예사
묘(墓)	묘지사. 부동산. 모든 일의 지체. 막힘.
함지	남녀불문 색정사

. 귀인(貴) 시간

일간	甲	乙	丙	丁	戊	己	庚	辛	壬	癸
시간	未丑	申子	酉亥	亥酉	丑未	子申	丑未	寅午	卯巳	巳卯

. 녹(祿) 시간

일간	甲	乙	丙	丁	戊	己	庚	辛	壬	癸
시간	寅	卯	巳	午	巳	午	申	酉	亥	子

. 덕(德) 시간

일간	甲	乙	丙	丁	戊	己	庚	辛	壬	癸
시간	寅	申	巳	亥	巳	寅	申	巳	亥	巳

. 묘(墓) 시간

일간	甲	乙	丙	丁	戊	己	庚	辛	壬	癸
시간	未	戌	戌	丑	戌	丑	丑	辰	辰	未

유쾌한 사주

. 함지살 시간

일지	申子辰	亥卯未	寅午戌	巳酉丑
함지 시간	酉	子	卯	午

* 土의 사용

辰戌丑未 일지와 辰戌丑未 시간이 서로 沖이 성립될 때는
비겁이 아닌 충.형으로 본다.

충(沖): 辰일 戌시, 戌일 辰시, 丑일 未시, 未일 丑시
형(刑): 戌일 未시, 未일 戌시

*귀인지법(貴人知法)

현재 신분이 좋거나 장차 반드시 큰 일을 할 사람이다.
그 계절에 왕상의 시간으로 판단한다. 비록 현재의 위치나
환경이 불우하더라도 후일 반드시 성공한다.

방문 계절(월)	방문 일	방문 시간
춘절(春節) 寅卯辰月	甲 乙 日	寅 卯 時
하절(夏節) 巳午未月	丙 丁 日	巳 午 時
추절(秋節) 申酉戌月	庚 辛 日	申 酉 時
동절(冬節) 亥子丑月	壬 癸 日	亥 子 時

유쾌한 사주

유쾌한 사주

<참고 도서>

. 김배성 저
「명리학 정론」, 도서출판 창해, 2003

. 김배성 저
「命理大徑」, 명운당 2004

. 엄태문 저
「窮通寶鑑 新解」, 성균문화사, 2003

. 채종준 펴냄
「命理約言」, 한국학술정보(주), 2016

. 김정안 편저
「三命通會摘要」, 문원북, 2016

. 변영민 편집
「命理要綱」, 역문관, 2012

. 한중수 편저
「易術全書」, 명문당, 2002

. 한학제 엮음
「알기 쉬운 명리학 길잡이」, 도서출판 예신, 2005

. 박주현
「적천수 강의」, 동학사, 2004

.박영창 번역
「子平眞詮評註」, 청학출판사, 2007

유쾌한 사주팔자(재개정판)

발 행 | 2023년 1월 25일
저 자 | 전유란
펴낸이 | 한건희
펴낸곳 | 주식회사 부크크
출판사등록 | 2014.07.15.(제2014-16호)
주 소 | 서울특별시 금천구 가산디지털1로 119 SK트윈타워 A동 305호
전 화 | 1670-8316
이메일 | info@bookk.co.kr

ISBN | 979-11-410-1287-8

www.bookk.co.kr
ⓒ 전유란 2023
본 책은 저작자의 지적 재산으로서 무단 전재와 복제를 금합니다.